SV

Band 1306 der Bibliothek Suhrkamp

Paul Valéry
Leonardo da Vinci

Essays
Aus dem Französischen von
Karl August Horst und
Jürgen Schmidt-Radefeldt
Mit acht Abbildungen

Suhrkamp Verlag

Text und Anmerkungen folgen Band 6
der von Jürgen Schmidt-Radefeldt
herausgegebenen Werke Paul Valérys.

Erste Auflage 1998
Suhrkamp Verlag Frankfurt am Main
© Insel Verlag Frankfurt am Main 1995
Alle Rechte vorbehalten
Druck: Nomos Verlagsgesellschaft, Baden-Baden
Printed in Germany
1 2 3 4 5 6 - 03 02 01 00 99 98

Leonardo da Vinci

EINFÜHRUNG IN DIE METHODE
DES LEONARDO DA VINCI

Für Marcel Schwob[1]

Von einem Menschen bleibt, was wir in Gedanken mit seinem Namen verbinden, nebst dem, was er geschaffen hat und was aus diesem Namen ein Zeichen für Bewunderung, Haß oder Gleichgültigkeit macht. Wir denken über sein Denken nach und können zwischen den Zeilen seines Werks dieses auf ihn bezogene Denken wiederfinden: wir können seinen Gedanken nach dem Bilde unseres eigenen Gedankens wiedererschaffen. Mühelos stellen wir uns einen gewöhnlichen Menschen vor: schlichte Besinnung genügt, die Antriebe und Grundarten seines Verhaltens vor uns erstehen zu lassen. Die unmaßgeblichen Handlungen, die sein äußeres Dasein ausmachen, lassen dieselbe Abfolge erkennen wie unsere eigenen; wir sind auf gleiche Weise wie er deren verknüpfendes Band, und der Tätigkeitsbereich, auf den sein Wesen schließen läßt, reicht nicht weiter als der, in dem wir uns bewegen. Nehmen wir an, dieser Einzelmensch rage in einem bestimmten Punkt hervor, so fällt es schon schwerer, sich die Leistungen und Bahnen seines Geistes vorzustellen. Wenn wir uns ihm gegenüber nicht mit verschwommener Bewunderung begnügen wollen, werden wir genötigt sein, unsere Vorstellungskraft in Richtung der bei ihm

In der Verlegenheit, über ein großes Thema schreiben zu müssen, sah ich mich genötigt, das Problem zu bedenken und zu stellen, ehe ich an seine Lösung herangehen konnte. Das entspricht im allgemeinen nicht der Art, wie der literarische Geist vorgeht, der sich nicht dabei aufhält, den Abgrund auszumessen, den er seinem Wesen nach überspringt.

Diesem ersten Paragraphen würde ich heute eine ganz andere Fassung geben, seinen Gehalt jedoch und seine Funktion würde ich beibehalten. Er soll nämlich das Denken auf die Möglichkeit jedes derartigen Vorhabens hinleiten, das heißt: auf den Zustand und die Hilfsmittel eines Geistes, der in seiner Vorstellung einen Geist nachbilden will.

vorherrschenden Eigenart – von der wir freilich nur einen Keim in uns tragen – zu strecken. Wenn jedoch bei dem Geist, auf den wir es abgesehen haben, alle Fähigkeiten voll entwickelt sind oder wenn die Hinterlassenschaft seines Wirkens auf allen Gebieten bedeutend hervortritt, fällt es immer schwerer und schwerer, die Gestalt in ihrer Einheit zu fassen; sie neigt dazu, sich unserem Zugriff zu entziehen. Zwischen den äußersten Punkten dieser geistigen Spannweite liegen Abstände, so groß, wie wir sie noch nie durchmessen haben. Der Zusammenhang dieses ineinandergreifenden Ganzen entzieht sich unserem Erkennen, wie ihm auch die ungestalten Raumfetzen, die vertraute Gegenstände trennen, entzogen bleiben, Fetzen, die dem Zufall bloßer Zwischenräumlichkeit anheimgegeben sind; so wie jeden Augenblick Myriaden von Tatsachen verlorengehen, ausgenommen die kleine Zahl jener, die die Sprache zum Leben erweckt. Und doch gilt es, hierbei zu verweilen, sich hierauf einzulassen und die Mühe zu überwinden, die unserer Phantasie eine Ansammlung derart – von ihr aus gesehen – ungleichartiger Elemente bereitet. Jedes Verstehen geht hier zum Erfinden einer einheitlichen Ordnung, eines einzigen Bewegers über, bestrebt, das System, dem es sich beugt, mit etwas wie Gleichartigkeit zu beseelen. Jedes Verstehen ist um ein eindeutiges Bild bemüht. Mit nachdrücklicher Kraft, die von seiner eigenen Spannweite und seiner geistigen Klarheit abhängt, bewältigt es am Ende wiederum seine eigene Einheit. Wie von einem Mechanismus ausgelöst, wird eine Hypothese laut, und vor uns steht das Individuum, das all dies geschaffen hat, die zentrale Schau, in der all dies vorgegangen sein muß: das ungeheure Gehirn[2], in dem dieses seltsame Tier, das Tausende reiner Beziehungsfäden zwischen so vielerlei Formen gesponnen hat und dessen Leistung diese rätselhaften und verschiedenartigen Bildungen sind, sich den Instinkt als Wohnstatt erkoren hat. Die Art, wie es zu dieser Hypothese kommt, ist zwar Abwandlungen, nicht aber dem Zufall unterworfen. Ihre Gültigkeit hängt von der logischen Analyse ab, der sie zum Gegenstand wird. Sie ist der Grundstein der Methode, die uns beschäftigen und uns dienen soll.

Ich nehme mir also vor, mir einen Menschen vorzustellen, der sich in Leistungen so unterschiedlicher Art bezeugt hat, daß es, wenn ich sie auf ein Denken beziehe, keines gibt, das weiter gespannt wäre. Außerdem setze ich bei ihm ein Empfinden voraus, das auf die vielerlei Abstufungen der Dingwelt außerordentlich lebhaft anspricht und dessen Widerfahrnisse man nicht unzutreffend mit Analyse bezeichnen könnte. Ich sehe, wie alles ihm Richtpunkte an die Hand gibt: stets denkt er an das umfassende Ganze und zugleich an die Strenge.* Er ist so veranlagt, daß ihm nichts von dem entgeht, was sich in die Vielfalt dessen, was ist, verirrt: kein armseliger Strauch. Er läßt sich in die Tiefe der Allerweltsdinge hinab, zieht sich in sie zurück und betrachtet sich. Er stößt auf die

In Wahrheit habe ich *Mensch* und *Leonardo* genannt, was ich in jener Zeit unter dem Vermögen des *Geistes* verstand.

Das umfassende Ganze – eher geht es um Universalität. Nicht so sehr jenes *sagenhafte Ganze* (wie es sich bei dem Wort Universum als Vorstellung zu melden pflegt) wollte ich bezeichnen, als das Gefühl für die Zugehörigkeit jeden Dings zu einem umfassenden

---

* *Hostinato rigore*, beharrliche Strenge. Wahlspruch Leonardos.

System, das (hypothetisch) die Definition jeden Gegenstandes erlaubt...	Gewohnheiten und Strukturen der Natur, er geht sie von allen Seiten an, und es erweist sich, daß er der einzige ist, der konstruiert, aufzählt, das Gemüt bewegt. Er läßt Kirchen und Festungen erstehen; er schafft Ornamente voll Anmut und Größe, tausend Maschinen und die strengen Figurengebilde von mancherlei Forschungen. Er hinterläßt die Bruchstücke irgendwelcher großen Spiele. Bei diesem Zeitvertreib, der in seine wissenschaftliche Arbeit übergeht, die ihrerseits von Leidenschaft nicht zu trennen ist, scheint er auf zauberhafte Weise stets in Gedanken bei etwas anderem zu weilen... Ich werde ihm nachgehen, werde zusehen, wie er sich in der rohen Einheitlichkeit und stofflichen Dichte der Welt bewegt, wo er sich mit der Natur so vertraut macht, daß er sie nachahmt, um den Finger auf sie zu legen, so daß es ihm schließlich schwerfällt, sich einen Gegenstand vorzustellen, den sie nicht birgt.
Ein Autor, der eine Biographie *verfaßt*, kann versuchen, seinen Helden zu *erleben* oder aber ihn zu *konstruieren*. Und zwar verhalten sich diese beiden Verfahren gegensätzlich zueinander. *Erleben* heißt: sich ins Unvollständige einverwandeln. Das Leben, in diesem Sinne genommen, besteht ganz in Anekdoten, Einzelheiten, Augenblicken.	Noch fehlt diesem Gedankengeschöpf ein Name, der geeignet ist, die ganze Spannweite zwischen Grenzpunkten, die für gewöhnlich zu weit auseinanderliegen und dem Blick entzogen bleiben, in sich zu fassen. Ich wüßte keinen zutreffenderen als den des *Leonardo da Vinci*. Wer sich einen Baum vorstellt, der muß sich auch einen Himmel vorstellen und einen Grund, in dem er ihn wurzeln sieht. Darin waltet eine Art Logik, die fast gefühlsmäßig und so gut wie unerkannt ist. Die Person, die ich hier nenne, ist nichts anderes als eine solche Deduktion. Fast nichts von dem, was ich über sie äußern werde, darf auf den

Menschen, der diesen Namen berühmt gemacht hat, bezogen werden. Ich lege es nicht darauf an, Deduktion und Person zusammenfallen zu lassen, was ich im schlechten Sinne für unmöglich halte. Ich versuche vielmehr, auf die Einzelstruktur einer geistigen Existenz einen Blick zu werfen, die Methoden ahnen zu lassen, die in jedem Fund enthalten sind, diesem *einen*, im Gegensatz zu der Vielzahl vorstellbarer Dinge, ich versuche ein Modell zu entwerfen, das vermutlich grob ausfallen wird, aber dem Aneinanderreihen zweifelhafter Anekdoten, den Anmerkungen zu Katalogen, den Daten und Fakten vorzuziehen sein dürfte. Ein derartiger Ballast von Gelehrsamkeit müßte die rein hypothetische Absicht dieses Essays verfälschen. Die Ergebnisse der Forschung sind mir nicht unbekannt, aber ich darf vor allem deshalb nicht von ihnen sprechen, um nicht Anlaß zu geben, einen Entwurf, der an sehr allgemeine Begriffe geknüpft ist, mit den bruchstückhaften Lebenstatsachen einer längst entschwundenen Persönlichkeit zu verwechseln, wenn wir über ihre denkerische Existenz Gewißheit erlangen wollen, nebst der Gewißheit, daß wir sie nie besser kennenlernen werden.

Die *Konstruktion* hingegen impliziert *a priori* die Annahme eines Daseins, das auch – GANZ ANDERS sein könnte.

Diese *Art von Logik* ist es, die aufgrund sinnlich wahrnehmbarer Erfahrungen zur Bildung dessen führt, was ich weiter oben ein *umfassendes Ganzes* genannt habe – ein Ganzes, das sich hier auf eine Persönlichkeit bezieht.

Alles in allem handelt es sich darum, vom Denkmöglichen Gebrauch zu machen, bei möglichst strenger Kontrolle durch das *Bewußtsein*.

Mancher Irrtum, der sich in die Beurteilung menschlicher Werke einschleicht, ist dem eigentümlichen Vergessen ihres Zustandekommens zuzuschreiben. Man denkt häufig nicht daran, daß diese Werke nicht von jeher da waren. Daraus ergibt sich rückwirkend so etwas wie Koketterie, die im allgemeinen die Ursprünge eines

All das würde ich heute ziemlich anders ausdrücken; doch erkenne ich darin meine Art, mir die Leistung als solche einerseits vorzustellen, und die zufälligen Umstände, aus denen die Werke hervorgehen, andererseits.

Die Wirkungsweise eines Werks ist nie eine *bloße* Folge aus den Bedingungen seiner Entstehung. Man kann vielmehr im Gegenteil sagen, daß ein Werk den heimlichen Vorsatz in sich trägt, der Phantasie eine Art und Weise seiner Entstehung einzuflüstern, die der Wahrheit sowenig wie möglich entspricht.

Läßt sich überhaupt etwas tun ohne den Glauben, daß man damit etwas anderes tut? Das Ziel des Künstlers ist nie das Werk, als das genommen, was es von sich reden macht, und dieses Redenmachen ist nie eine bloße Folge dessen, was es ist.

Die Wissenschaften und die Künste unterscheiden sich vornehmlich darin, daß

Werks mit Stillschweigen übergeht, ja sie bisweilen geradezu verhehlt. Wir haben Angst, sie könnten zu unscheinbar sein; ja, wir gehen so weit, zu befürchten, sie könnten natürlicher Art sein. Und wenn recht wenige Künstler den Mut aufgebracht haben zu sagen, wie sie ihr Werk zustande gebracht haben, so ist, wie ich glaube, die Zahl jener, die bestrebt waren, ebendies herauszufinden, auch nicht viel größer. Eine solche Untersuchung fängt mit dem mühsamen Verzicht auf den Gedanken an Ruhm und an lobende Beiwörter an; sie verträgt sich nicht mit der Vorstellung von Überlegenheit, mit keiner Großmannssucht. Sie führt dazu, unter dem Anschein der Vollkommenheit die Relativität zu erkennen. Sie ist notwendig, um von dem Glauben zu heilen, daß die Geister so verschieden geartet seien, wie es ihre Schöpfungen erscheinen lassen. So etwa sind gewisse Arbeiten auf wissenschaftlichem Gebiet, insbesondere in der Mathematik, von so durchsichtiger Klarheit des Aufbaus, daß man sie nicht die Arbeiten eines einzelnen Menschen nennen möchte. Sie haben etwas *Nichtmenschliches*. Diese ihre Beschaffenheit ist nicht ohne Wirkung geblieben. Sie hat zur Annahme eines derartigen Abstandes zwischen gewissen geistigen Fächern – wie zwischen den Wissenschaften und den Künsten – geführt, daß man ihre ursprünglichen Schöpfer aus Befangenheit auseinandergerissen hat, und zwar in dem Maße, wie die Ergebnisse ihrer Arbeiten auseinanderzuliegen schienen. Dabei besteht ihr Unterschied in Wahrheit nur in der andersartigen Verfügung über eine gemeinsame geistige Habe, und zwar unterscheiden sie sich danach, was von dieser Habe behalten und was übergangen wird und wonach sich die Ausbildung ihrer Sprechweisen und ihrer Symbole richtet. Man muß mithin allzu reinen Büchern und Darstellungen gegenüber ein gewisses Mißtrauen hegen. Was festgelegt ist, leistet der Täuschung Vorschub, und was zum Anschauen gemacht ist, gewinnt ein anderes, ein edleres Aussehen. Nur solange das, was im Geiste vorgeht, noch in Bewegung, noch unentschieden, noch dem Augenblick ausgeliefert ist, wird es für unsere Absicht taugen, das heißt: bevor man es Gedankenspiel oder Gesetz, Theorem oder Kunstwerk genannt hat und bevor es, im Begriffe sich abzuschließen, seinen ursprünglichen Ähnlichkeitscharakter preisgegeben hat.

jene auf gewisse oder höchstwahrscheinliche Ergebnisse ausgehen müssen, während diese lediglich auf Ergebnisse von unbekannter Wahrscheinlichkeit hoffen können.

Im Inneren spielt sich ein Drama ab. Drama, Abenteuer, Erregungszustände: alle dergleichen Wörter sind am Platze, sofern es nur mehrere sind, die einander berichtigend die Waage halten. Dieses Drama geht in den meisten Fällen verloren, genauso wie die Stücke Menanders.[3] Doch besitzen wir die handschriftlichen Aufzeichnungen Leonardos und Pascals berühmte Merkzettel. Diese Bruchstücke wollen von uns befragt sein. Sie vermitteln uns eine Ahnung, mit welch blitzhaften Gedankensprüngen, wie seltsam in menschliche Widerfahrnisse und geläufige Sinneseindrücke verkleidet, nach wieviel endlosen Minuten des Harrens Menschen die Schatten ihrer künftigen Werke erschienen sind,

Zwischen der Art der Entstehung und der *Frucht* bildet sich ein Gegensatz heraus.

Die berühmten *Pensées* sind nicht so sehr redliche Eigengedanken als Argumente – Waffen, Lähmungsgifte – für *den anderen*. Ihre Form ist manchmal so vollkommen, so gesucht, daß sie eine absichtsvolle Verfälschung des eigentlichen »Gedankens« erkennen läßt, um ihn zwingender, erschreckender zu machen – als jeden *Gedanken* schlechthin.

Ich wäre geneigt zu sagen, daß am Gedanken das *Wirklichste* ist, was an ihm nicht *naives Abbild der sinnlich wahrnehmbaren Wirklichkeit* ist; beobachtet man jedoch – was übrigens immer heikel und nicht selten anzweifelbar ist –, was *in uns* geschieht, so liegt die Annahme nahe, daß die *Spielarten der Abwandlung* in beiden Welten vergleichbar sind, was uns instand setzt, die im eigentlichen Sinne physische Welt *grosso modo* in Metaphern auszu-

ihre vorauseilenden Schemen. Auch ohne sich auf so große Beispiele zu besinnen, bei denen man Gefahr läuft, in die Fehler der Ausnahme zu verfallen, genügt es zum Beispiel, jemanden zu beobachten, der sich allein glaubt und sich keinerlei Zwang antut: der einen Gedanken beim Schopf *packt*, vor einem Gedanken *zurückweicht*, der verneint, lächelt oder sich duckt und das seltsame Spiel seiner eigenen inneren Vielfältigkeit aufführt. Die Verrückten überlassen sich ihm vor aller Augen.

Dies sind Beispiele dafür, wie sich physische, endliche, meßbare Lageveränderungen unmittelbar an jene Komödie der Person[4] knüpfen, von der ich sprach. In diesem Fall sind geistige Bildvorstellungen die Akteure, und es ist unschwer zu verstehen, daß man, sofern man die Besonderheit dieser Bilder zum Verschwinden bringt, um lediglich ihre Abfolge, ihre Häufigkeit, ihre Periodizität, ihre Assoziationsfähigkeit abzulesen, alsbald geneigt ist, nach Analogien in der sogenannten stofflichen Welt auszuschauen, daß man die wissenschaftlichen Analysen mit ihnen zusammenbringt, ihnen einen Ort, einen stetigen Zusammenhang, gewisse Eigenheiten der Fortbewegung, Geschwindigkeit und demzufolge Masse und Energie unterstellt. Man wird dann gewahr, daß eine ganze Fülle derartiger Systeme möglich ist, daß das eine nicht mehr Gültigkeit hat als irgendein anderes und daß die Anwendung, die man von ihnen macht – wertvoll, weil sie stets in irgend etwas Licht wirft –, ständig überwacht und auf ihren rein sprachlichen Charakter zurückverwiesen werden muß. Denn genaugenommen besteht die Analogie in nichts anderem als in der Fähigkeit, die Bilder zu variieren, sie zu kombinieren, einen Teil des einen mit einem Teil des anderen zusammen bestehenzulassen und – bewußt oder unbewußt – das Verbindende in ihren Strukturen zu gewahren. Und insofern entzieht sich der Geist, der ihr Ort ist, der Beschreibung. Die Worte büßen an ihm ihre Kraft ein. Hier bilden sie sich, entspringen sie vor seinen *Augen*: er ist es, der uns die Worte beschreibt.

drücken, die der sinnlich erfahrbaren Welt entlehnt sind, insbesondere dem Bereich jener Handlungen, die wir physisch vollziehen können.
So: *Pensée*, Gewogenes; *begreifen*; *verstehen*; *Hypothese, Synthese* usw.

Der Mensch trägt also *Visionen* mit sich fort, deren Kraft er sich zu eigen macht. Er bezieht auf sie seine Geschichte. Sie sind deren geometrischer Ort. Von hier aus fallen diese staunenerregenden Entscheidungen, erfolgen diese Durchblicke, blitzhaften Ahnungen, stichhaltigen Urteile, Erleuchtungen, unbegreiflichen Beunruhigungen, nebst allerlei Torheiten. In gewissen außerordentlichen Fällen fragt man sich verblüfft, unter Anrufung abstrakter Gottheiten, Genie, Inspiration[5] und tausend anderer, wie es zu dergleichen Vorfällen kommt. Wieder einmal glaubt man, es habe sich etwas schöpferisch ereignet, denn vor dem Mysterium und dem Wunder liegt man auf den Knien, während man nach den Kulissen nicht fragt; man macht aus der Logik ein Mirakel; aber der Inspirierte war schon seit einem Jahr in Bereitschaft. Er war reif. Er hatte immer daran gedacht, vielleicht ohne sich selber darüber klar zu sein, und wo die anderen noch außerstande waren zu sehen, hatte er angeschaut und kombiniert, so daß er nun

Dauer kommt von »durus«, hart. Was andererseits bedeutet, daß man gewisse Seh-, Tast- oder Bewegungsbilder oder deren Kombinationen *doppelwertig* ausstattet.

nichts anderes tat, als daß er in seinem Geiste las. Das Geheimnis Leonardos wie das Bonapartes[6] wie überhaupt der Menschen, die je auf den Gipfel der Intelligenz gelangt sind, besteht und kann nur bestehen in den Beziehungen, die sie fanden – finden mußten – *zwischen Dingen, deren Zusammenhang uns nicht aufgrund gesetzmäßiger Kontinuität gegeben ist.* Im entscheidenden Moment brauchten sie nur noch bestimmte Handlungen auszuführen. Die Gipfelleistung – in den Augen der Welt – war nur noch ein ganz einfacher Vorgang, etwa wie der Vergleich zweier Längen.

Dieser Gesichtspunkt läßt die Einheit der Methode, um die es uns geht, sichtbar werden. In diesem Umkreis ist sie beheimatet, ist sie elementar. Sie ist dessen eigentliches Leben; er ist durch sie definiert. Und wenn so mächtige Denker wie der, dem ich in diesen Zeilen nachgehe, aus diesem Schatzbereich ihr latentes Vermögen schöpfen, können sie mit Recht in einem Augenblick bewußter und klarer Einsicht schreiben: *Facil cosa è farsi universale!* Es ist leicht, sich universal zu machen. Sie können für die Dauer einer Minute das wundersame Werkzeug, das sie sind, bewundern – freilich um im gleichen Augenblick das Wunder zu leugnen.

Aber zu dieser klaren, endgültigen Einsicht kommt es erst nach langen Irrwegen und unumgänglichen Vergötzungen. Das Bewußtsein von der Arbeitsweise des Geistes, worin eben die von mir angesprochene verkannte Logik besteht, findet sich nur höchst selten, selbst bei den fähigsten Köpfen. Die Zahl der Begriffe, die

> Das Wort *Kontinuität* trifft nicht den eigentlichen Sinn. Ich weiß noch, daß ich es anstelle eines anderen Wortes niedergeschrieben habe, das ich nicht habe wiederfinden können.
> Ich wollte sagen: *zwischen Dingen, die wir nicht in ein System des Gesamtzusammenhangs unserer Handlungen einordnen oder übersetzen können.*
> Das heißt: das System unserer Vermögen.

Fähigkeit, sie weiter auszubauen, die Fülle geistiger Entdeckungen sind etwas völlig anderes und bleiben unberührt von dem Urteil, das man über ihr Wesen fällt. Rein vorstellungsmäßig ist der Sachverhalt jedoch leicht zu fassen. Eine Blume, eine Behauptung, ein Geräusch können nahezu gleichzeitig vorgestellt werden; man kann sie nach Belieben so dicht wie möglich aufeinanderfolgen lassen; irgendeines dieser Gedankendinge kann sich auch verändern, kann aus der Form gebracht werden und nach freier Willkür des Geistes, der es beherbergt, nach und nach sein ursprüngliches Gesicht einbüßen; jedoch allein das Wissen um dieses Vermögen verleiht ihm seinen ganzen Wert. Allein das Wissen setzt instand, diese *Formbilder* zu kritisieren, sie auszulegen, in ihnen nur das zu finden, was sie enthalten, nicht aber ihre einzelnen Zustände unmittelbar auf die Zustände der Wirklichkeit auszudehnen. Mit ihm hebt die Analyse aller geistigen Phasen an, die Analyse all dessen, was man erst jetzt in ihrem Namen Wahn, Idol, Fund zu nennen berechtigt ist – und was vorher nur Abschattungen waren, zwischen denen kein Unterschied bestand. Vordem waren sie gleichwertige Variationen ein und derselben Substanz; sie verglichen sich, schwankten unbestimmt und unverantwortlich hin und her, wobei sie sich manchmal allesamt demselben System zugehörig nennen konnten. Das Bewußtsein von den Gedanken, die man hat – insofern es Gedanken sind –, bedeutet soviel wie diese Art von Gleichheit oder Gleichartigkeit anerkennen; heißt soviel wie spüren, daß alle derartigen Fügungen rechtmäßig und natürlich sind und daß die Methode darin besteht, sie anzureizen, sie mit voller Schärfe zu sehen und dem nachzugehen, was sie jeweils implizieren.

An einem bestimmten Punkt dieser Beobachtung oder dieses geistigen Doppellebens, bei dem das gewöhnliche Denken zum bloßen Traum eines wachen Schläfers wird, zeigt sich, daß die Abfolge dieses Traums, die Wolke aus Kombinationen, Gegensätzen, Wahrnehmungen, die sich um ein forschendes Bemühen zusammenzieht – oder die unbestimmt, nach freier Laune abläuft –, sich mit *wahrnehmbarer* Regelmäßigkeit entfaltet, mit evident maschinenartiger Kontinuität. Hier erhebt sich nun der Gedanke (oder der Wunsch), das Tempo dieser Abfolge zu beschleunigen, die Bestimmungsglieder heranzuführen bis an ihre Grenze, bis an die *Grenze* ihres vorstellbaren Ausdrucksvermögens, *jenseits deren alles verändert sein wird.*[7] Und wenn diese Art von Bewußtheit zur Gewohnheit wird, kommt man beispielsweise dazu, auf Anhieb alle möglichen Ergebnisse einer geplanten Handlung, alle Beziehungen eines gedachten Gegenstandes zu überprüfen, um sich sodann ihrer zu entledigen, gelangt man zu der Fähigkeit, stets ein noch intensiveres oder genauer bestimmtes Ding, als es das gegebene Ding ist, zu erahnen, gelangt man zu dem Vermögen, aus dem Schlaf eines Denkens, das zu lange gewährt hat, zu erwachen. Jeder beliebige Gedanke nimmt, sobald er fest wird, hypnotischen Charakter an und wird in der Sprache der Logik zu einem

Diese Beobachtung (über die Grenzannäherung psychischer Vorgänge) hätte eine eingehendere Behandlung verdient. Sie führt zu Untersuchungen der Zeit, der Erscheinung, die ich manchmal Zeitdruck nenne, der Rolle der äußeren Umstände, der willkürlichen Setzung gewisser Schwellen ...
Hierin steckt eine ganze innere Mechanik, von sehr feinfühliger Beschaffenheit, bei der besonders geartete Abschnitte von Dauer die Hauptrolle spielen, ineinander verschachtelt sind usw.

Idol; im Bereich der poetischen Konstruktion und der Kunst wird er zu unfruchtbarer Eintönigkeit. Der Sinn, von dem ich spreche und der den Geist instand setzt, auf sich selbst vorauszuschauen und *das* als Ganzes vorzustellen, was sich der Vorstellung im einzelnen erschließen wollte, sowie der Effekt dieser zusammenfassenden Operation ist Voraussetzung jeder Art von Allgemeingültigkeit. Dieser Sinn, der bei gewissen Individuen in Gestalt einer wahren Leidenschaft und mit einzigartiger Kraft aufgetreten ist, der in den Künsten Voraussetzung jeden Vorankommens ist und die Erklärung dafür gibt, warum immer häufiger engere Begriffe, Abkürzungen und schärfere Kontraste in Gebrauch kommen, liegt in rationaler Form implizit allen mathematischen Begriffen zugrunde. Ihm sieht das Verfahren sehr ähnlich, das unter dem Begriff des mathematischen Reihen-Kalküls* solchen Analysen ein weites Feld eröffnet hat und das vom Additionsverfahren bis hinauf zur Infinitesimalrechnung mehr zu bedeuten hat als das bloße Einsparen einer unbestimmten Anzahl überflüssiger Experimente, denn es steigt zu komplexeren Begriffseinheiten auf, insofern die bewußte Nachahmung meines Handelns ein andersgeartetes Handeln ist, das alle möglichen Angleichungen der ersten Handlungsstufe in sich faßt.

> Meiner Ansicht nach liegt das Geheimnis dieser mathematischen Überlegung oder Induktion in einer Art Bewußtsein von der Unabhängigkeit einer Handlung hinsichtlich ihres Stoffes.

---

* Die philosophische Bedeutung dieser mathematischen Denkweise wurde zum ersten Mal von M. Poincaré in einem jüngst erschienenen Artikel beleuchtet. Vom Verfasser nach der Priorität befragt, hat der berühmte Gelehrte das Verdienst, das wir ihm zuerkennen, freundlicherweise bestätigt.[8]

Dieses Bild – Dramen, Strudel, klare Schau – tritt unwillkürlich in Gegensatz zu anderen Bewegungen, anderen Szenen, die von uns die Namen »Natur« oder »Welt« beziehen und mit denen wir nichts weiter anzufangen wissen, als uns von ihnen abzusetzen, um uns sogleich wieder in sie hineinzubegeben.

Die Philosophen sind im allgemeinen dabei stehengeblieben, unser Dasein in diesem Begriff »Welt« und diesen Begriff wiederum in unserem Dasein aufgehen zu lassen; aber darüber hinaus gehen sie nicht, denn, wie man weiß, sind sie vollauf damit beschäftigt, das, was ihre Vorgänger darin sahen, abzustreiten, anstatt mit eigenen Augen hinzuschauen. Die Gelehrten und die Künstler haben sich die Sache auf jeweils andere Art zunutze gemacht; und zwar begaben sich die einen ans Messen, danach ans Konstruieren; die anderen ans Konstruieren, als ob sie gemessen hätten. Alles, was aus ihrer Hand stammt, findet aufs neue seinen Ort im natürlichen Umkreis und nimmt an ihm teil, indem es die Stoffe, aus denen er gebildet ist, in neuen Formen fortführt. Doch vor dem Abstrahieren und Bauen steht das Beobachten: Die Eigenart der Sinne, ihre unterschiedliche Fügsamkeit unterscheidet und liest unter den in Masse vorgesetzten Eigenschaften diejenigen aus, die vom Individuum behalten und entwickelt werden sollen. Zunächst erfolgt die Feststellung passiv, nahezu gedankenlos, mit einem Gefühl des Sicherfüllenlassens und dem einer langsamen und gleichsam beglückten Kreisläufigkeit; dann kann es geschehen, daß man

Darin steckt der Erbfehler der Philosophie. Sie ist ein persönliches Anliegen, will es aber nicht sein. Sie will wie die Wissenschaft ein zum Weitergeben geeignetes und sich mehrendes Kapital bereitstellen. Daher die Systeme, die so tun, als stammten sie von niemandem her.

auf den Geschmack kommt und den Dingen, die verschlossen und unableitbar waren, andere Wertakzente gibt; man fügt etwas hinzu, findet besonderes Gefallen an bestimmten Punkten, läßt sie bei sich zu Worte kommen, und so vollzieht sich eine Art Rückerstattung der durch die Sinne empfangenen Energie; bald wird sie auch die Lagerung umgestalten, wobei sie sich des reflektierenden Denkens einer Person bedient.

Auch der universale Mensch beginnt mit der bloßen Anschauung, und immer wieder wird er sich mit Gesehenem vollsaugen. Er wendet sich zurück zu den Berauschungen des einzelnen Triebs und zu der inneren Bewegung, die das geringste Ding der Wirklichkeit hervorruft, wenn man sie als ein Zweierlei betrachtet, das in seinen Eigenschaften so innig aufeinander abgestimmt ist und soviel allseitige Wirksamkeit in sich vereinigt.

Die meisten Leute nehmen viel häufiger mit dem Verstand als mit den Augen wahr. Anstelle farbiger Räume nehmen sie Begriffe in sich auf. Eine kubische weißliche Form, die hochsteht und mit Reflexen von Glasscheiben durchschossen ist, nennen sie mir nichts, dir nichts ein Haus, was für sie soviel heißt wie: Das Haus! Vielschichtige Idee, Zusammenklang abstrakter Eigenschaften! Wenn sie den Standort wechseln, entgeht ihnen die Bewegung der Fensterreihen, die Verschiebung der Flächen, die den sinnlichen Eindruck ständig verändern; denn der Begriff ändert sich nicht. Sie nehmen eher wie nach einem

Nützlichkeit der Künstler.
Erhaltung der Feinfühligkeit und Unbeständigkeit der Sinne.
Ein moderner Künstler muß zwei Drittel seiner Zeit an den Versuch wenden zu sehen, was sichtbar ist, vor allem aber nicht zu sehen, was unsichtbar ist.
Die Philosophen müssen nur allzu oft für den Fehler büßen, daß sie sich auf entgegen-

gesetzte Art trainiert haben.

Wörterbuch als aufgrund ihrer Netzhaut wahr, sie bringen die einzelnen Gegenstände so ungeschickt zusammen, sind sich so im unklaren über die Freuden und Leiden des Anschauens, daß sie die *lohnenden Ansichtspunkte* erfunden haben. Von allem übrigen wissen sie nichts. Dabei huldigen sie aber einer Anschauung, die von bloßen Worten strotzt. (Eine allgemeine Regel dieser Schwäche, die in allen Bereichen der Erkenntnis anzutreffen ist, besteht eben in der Auswahl *evidenter* Stellen, dem Ausruhen in eindeutig festgelegten Systemen, die es einem leichtmachen, die einem einleuchtend entgegenkommen... Insofern kann man sagen, daß das Kunstwerk stets mehr oder weniger erzieherisch ist.) Aber selbst diese lohnenden Ansichtspunkte bleiben ihnen nahezu verschlossen, während alle Modulationen, die jeder noch so kleine Schritt, das Licht und das Haften des Blicks hervorrufen, nicht bis zu ihnen vordringen. In ihren Sinneseindrücken wirken oder entwirken sie nicht das geringste. Da sie wissen, daß der Spiegel des ruhenden Wassers horizontal ist, entgeht ihnen, daß das Meer am hinteren Rand des Bickfeldes *aufrecht* steht; wenn eine Nasenspitze, eine aufglänzende Schulter oder zwei Finger zufällig in einen Lichtstrahl geraten, der sie absondert, bringen sie es nie fertig, nichts anderes darin zu sehen als ein neues Schmuckstück, das ihr Sehen bereichert. Dieses Schmuckstück ist für sie Bruchteil einer Person, die allein Dasein hat, nur diese kennen sie. Und da sie sofort unter den Tisch fallen lassen, was keine Bezeichnung aufzuweisen hat, ist die

Ein Kunstwerk sollte uns immer beibringen, daß wir nicht gesehen haben, was vor unseren Augen liegt.

Die Tiefenerziehung besteht darin, sich von der Grunderziehung frei zu machen.

Zahl ihrer Eindrücke von vornherein eng begrenzt!*
Macht man von der entgegengesetzten Gabe Gebrauch, so gelangt man zu echten Analysen. Man kann nicht sagen, daß sich diese Gabe an der *Natur* bewährt. Dieses Wort nämlich, das in seiner Bedeutung allgemein zu sein und die Möglichkeit von jederlei Erfahrung in sich zu bergen scheint, ist gänzlich partikular. Es ruft persönliche Bilder wach, wie sie für das Gedächtnis oder die Geschichte eines Individuums bestimmend sind. Am häufigsten weckt es die Vorstellung von einem grünen Quellen, das verschwommen und an-

Das heißt: mehr Dinge *sehen*, als sich das *Wissen* träumt.
Hier meldet sich ein naiver Zweifel, der dem Verfasser wohlvertraut ist, nämlich hinsichtlich des echten Werts und der echten Rolle der *Worte*.
Die *Worte* (der gewöhnlichen Sprache) sind für die Logik nicht geschaffen. Die Dauer und Eindeutigkeit ihrer Bedeutungen sind niemals gesichert.

---

* Vergleiche im *Traktat über die Malerei* den Absatz CCLXXI: »Impossibile che una memoria possa riserbare tutti gli aspetti e mutationi d'alcun membro di qualunque animal si sia ... E perchè ogni quantità continua è divisibile in infinito ...« Unmöglich kann das Gedächtnis alle Aspekte und Veränderungen bei irgendeinem Tier in sich aufspeichern. Und zwar aufgrund des geometrischen Beweises, daß eine kontinuierliche Größe bis ins Unendliche teilbar ist.[9]

Was ich vom Sehen gesagt habe, gilt auch für die anderen Sinne. Ich habe das Sehen gewählt, weil es mir von allen Sinnen der *geistigste* zu sein scheint. Im Geiste herrschen die vom Sehen hergenommenen Bilder vor. Zwischen ihnen spielt sich die Analogiebildung am häufigsten ab. Auf einer niederen Stufe kann die Fähigkeit, Analogien zu bilden, indem zwei Dinge miteinander verglichen werden, von einem Fehlurteil ausgehen, das eine nicht recht deutliche Sinneswahrnehmung begleitet. Form und Farbe eines Gegenstandes stehen so offensichtlich obenan, daß sie in den Begriff der Eigenschaft des betreffenden Gegenstandes eingehen, auch wenn sie sich an ein anderes Sinnesorgan wenden. Wenn man von der Härte des Eisens spricht, stellt sich fast immer das sichtbare Bild des Eisens ein, selten hingegen das Hörbild.

Im ganzen entspringen die Fehlurteile und Analogien dem Umstand, daß ein Eindruck auf zweierlei oder viererlei verschiedene Art *vervollständigt* werden kann. Eine *Wolke*, ein Stück *Land*, ein *Schiff* sind drei Arten, wie die Erscheinung eines bestimmten Gegenstandes am Meereshorizont *vervollständigt* werden kann. Wunsch oder Erwartung spielen dem Geist vorschnell einen dieser Namen zu.

haltend ist, von einer großen elementaren Kraft, die sich dem Menschlichen entgegenstellt, von einer eintönigen Mengenhaftigkeit, die über uns herfällt, von etwas, das stärker ist als wir, das ineinander verschlungen, einander zerreißend, schlafbefangen und immerfortwirkend ist und in dessen Personifikation die Dichter Grausamkeit, Güte und was dergleichen Absichten mehr sind, hineinlegen. Man muß also den, der anschaut und richtig anzuschauen versteht, in *irgendeiner* Ecke des Seienden ansiedeln.

<small>Jugendlicher Versuch, sich ein individuelles *Universum* vorzustellen.
Ein Ich und sein Universum, wenn wir einmal annehmen, daß dergleichen Mythen brauchbar sind, müssen in jedem System im gleichen Verhältnis zueinander stehen wie eine Netzhaut zu einer Lichtquelle.</small>

Der Beobachtende ist gefangen in einem Kreis, der nie zu sprengen ist, in dem es Unterschiede gibt, die sich als Bewegungen und Gegenstände herausstellen, und dessen Oberfläche geschlossen bleibt, obwohl alle seine Bestandteile sich erneuern und die Stelle wechseln. Der Beobachtende ist zunächst nur die Voraussetzung dieses endlichen Raums; in jedem Augenblick ist er dieser endliche Raum. Kein Erinnern, keine Fähigkeit verstören ihn, solange er sich mit dem, was er anschaut, gleichsetzt. Und wäre ich imstande, mir vorzustellen, daß er in diesem Zustand beharrte, dann könnte ich zwischen seinen Eindrücken und den Eindrücken, die er im Traum empfängt, nicht den mindesten Unterschied feststellen. Er empfindet Lust, Unlust, Gleichmut als Ausfluß* die-

---

* Ohne auf die physiologischen Fragen einzugehen, erwähne ich den Fall eines Manisch-Depressiven, den ich in einer Klinik sah. Dieser Kranke, der sich in einem Zustand *herabgesetzten Lebenstempos* befand, erkannte die Gegenstände außerordentlich

ser ganz ungewissen Formen, zu denen sein eigener Leib rechnet. Nun entziehen sich die einen jedoch nach und nach der Anschauung und werden kaum noch gesehen, indessen andere den Blick auf sich lenken – und zwar an der gleichen Stelle, an der sie immer gewesen sind. Ein überaus inniges Ineinander von Veränderungen ist festzustellen; beim Sehbild ist es durch die Dauer, die Ermüdung sowie die natürlichen Bewegungen bedingt. Einzelne Stellen im Gesichtsfeld bringen sich übertrieben zur Geltung, so wie ein krankes Glied größer zu sein scheint und die Vorstellung vom eigenen Körper durch die Bedeutung, die ihm der Schmerz gibt, ganz und gar einnimmt. Die hervorstehenden Punkte wird man leichter behalten und für den Gesichtssinn schmeichelhafter empfinden. Von hier aus gerät der Betrachter ins Träumen, von jetzt an vermag er auf immer zahlreichere Gegenstände die besonderen Kennzeichen der ersten und wohlbekannten Gegenstände auszudehnen. Er vervollkommnet den gegebenen Bereich, indem er sich eines vorausgehenden entsinnt. Dann fügt er das Nacheinander seiner Eindrücke nach Belieben zusammen oder nimmt es auseinander. Er kann seltsamen Kombinationen Geschmack abgewinnen: so betrachtet er eine Anordnung von Blumen oder eine Gruppe von Menschen als ein festes in sich

Die Ungleichheit tritt mit Notwendigkeit ins Spiel; das Bewußtsein ist seinem Wesen nach unbeständig.

Es gibt eine gewisse Freiheit in den Zusammenstellungen, den Entsprechungen und gegenseitigen Aufhebungen, die sich im gesamten Wahrnehmungsbereich auswirkt.
Wenn mehrere gleichzeitig sprechen, kann man immer nur dem folgen, was einer von ihnen sagt.

langsam. Sinneseindrücke erreichten ihn erst nach beträchtlicher Zeit. Keinerlei Bedürfnis machte sich bei ihm geltend. Diese Form, die man gewöhnlich Verblödungsmanie nennt, ist überaus selten.[10]

geschlossenes Eigenwesen, und ebenso eine Hand, eine Wange, die er isoliert, einen Lichtfleck auf einer Wand, ein Zusammentreffen von Tieren, die zufällig beieinander sind. Er will unsichtbare Gesamtheiten ersinnen, von denen ihm die Teile gegeben sind. Er meint die Schleifen zu sehen, die ein Vogel mit seinem Flug zieht, die Kurve, über die ein geworfener Stein hingleitet, die Flächen, die unsere Gebärden umreißen, aber auch jene aus der Ordnung fallenden Einrisse, jene fließenden Arabesken, jene gestaltlosen Kammern, welche in einem alles durchdringenden Netz erschaffen werden vom schwirrenden Speichenblitz im schauernden Insektenschwarm, von der Dünung der Bäume, von den Rädern, dem menschlichen Lächeln, der Brandung. Manchmal treten die Spuren dessen, was er geistig ersonnen hat, im Sand oder auf dem Wasser sichtbar hervor; manchmal kann sogar seine Netzhaut in der Zeit die Form, in der ein Gegenstand den Ort wechselt, auffangen.[11]

Es gibt einen Übergang von den Formen, die aus der Bewegung entstehen, zu den Bewegungen, in die aufgrund einfacher Abwandlung der Dauer die Formen geraten. Wenn der fallende Regentropfen wie eine Linie erscheint, wenn tausend Schwingungen wie ein anhaltender Ton klingen, wenn die Unregelmäßigkeiten in diesem Papier hier sich wie eine blanke Fläche ausnehmen und dafür allein die Dauer des Eindrucks maßgebend ist, so kann umgekehrt eine ruhende Form durch eine angemessene Geschwindigkeit ersetzt werden, und zwar durch eine periodische

---

Es handelt sich dabei um *Intuitionen* im engen und etymologischen Sinne des Wortes.
Ein Bild kann im Hinblick auf ein anderes vorhergesehen sein.

Zentrale Rolle der Fortdauer von Eindrücken.
Es besteht eine Art von Symmetrie zwischen diesen beiden in umgekehrtem Wechselverhältnis stehenden Umwandlungen.
Der *Verräumlichung* des Nacheinander entspricht, was ich einst die *Chronolyse* des Raums nannte.[12]

Verlagerung eines entsprechend gewählten Dings (oder Elements). Die Geometrie kann Zeit und Geschwindigkeit in das Studium der Formen einführen, kann sie aber ebenso vom Studium der Bewegung fernhalten; und die Sprache kann bewirken, daß ein Küstenstreifen *sich hinzieht*, daß ein Berg *sich erhebt*, daß ein Standbild *sich aufrichtet*. Und der Taumel der Analogien, die Logik der Kontinuität führen diese Bewegungstendenzen bis an die äußerste Grenze, bis zur Unaufhaltbarkeit. Alles bewegt sich innerhalb der Vorstellung in fortschreitenden Graden. In diesem Zimmer, und weil ich diesen Gedanken als einzigen andauern lasse, *handeln* die Dinge genau wie der Lampendocht: der Sessel verzehrt sich an Ort und Stelle, der Tisch beschreibt eine so rasche Drehung, daß er durch sie bewegungslos wird; die Vorhänge fließen endlos, fortwährend herab. Wir stehen vor einer unendlichen Verwobenheit: um in all der Bewegung der Körper, dem Kreisen der Umrisse, dem verknoteten Ineinander, den Bahnen, den Gefällen, den Wirbeln, dem Netz aus Geschwindigkeiten wieder zu uns selber zu kommen, müssen wir uns an unser großes Talent geregelten Vergessens wenden – das heißt: wir müssen, ohne das erworbene Wissen auszumerzen, einen abstrakten Begriff aufstellen: den der Größenordnungen.

Hiermit erlischt im erweiterten Bereich dessen, »was gegeben ist«, der Überschwang dieser Einzeldinge, von denen es keine Wissenschaft gibt. Wenn man sie lange Zeit ansieht und in Gedanken dabei ist, verändern sie sich; wenn man nicht

Das würde sich auf einer bestimmten Stufe zeigen, sofern es auf dieser Stufe Licht und Netzhaut überhaupt noch gäbe. Man würde aber die Gegenstände nicht mehr sehen. Also besteht hienieden die Rolle des *Geistes* im Kombinieren unvereinbarer Größen- und Eigenschaftsordnungen, in Anpassungen, die einander ausschließen...

Es geschieht aufgrund der Abstufung unserer Sinnesvermögen und der Wahrnehmungsdauer, daß wir diesem Chaos von Zuckungen und Vertauschbarkeiten eine Welt der festen Körper und der identifizierbaren Gegenstände entgegenstellen. Unmittelbar nehmen wir nur *Beharrungen* und *Mittelwerte* wahr.

mehr in Gedanken dabei ist, verfällt man in eine brütende Schläfrigkeit, die wie ein gleichmäßiger Traum haftet und beharrt, indem man die Kante eines Möbelstücks, den Schatten eines Blattes hypnotisch anstarrt, dagegen erwacht, sobald man sie sieht. Es gibt Menschen, die mit besonderer Feinschmeckerei die Lust an der *Individualität* der Dinge auskosten. Sie schätzen an einem Gegenstand genießerisch jene Qualität der Einzigartigkeit – die alle besitzen. Ein merkwürdiges Verhalten, das seinen letzten Ausdruck in der Bühnendichtung und der Bühnenkunst findet und das man in diesem äußersten Falle als *Identifikationsfähigkeit* bezeichnet hat.*

Nichts wirkt in einer Beschreibung so ausgesprochen absurd wie die Überspanntheit eines Menschen, der behauptet, er sei ein bestimmter Gegenstand und empfinde dieselben Eindrücke wie dieser – sofern es sich um einen stofflichen Gegenstand handelt!** Und doch gibt es im Phantasieleben nichts Stärkeres. Der auserwählte Gegenstand wird gleichsam zum Mittelpunkt dieses Lebens; immer zahlreichere Assoziationen schließen sich um ihn zusammen, je nachdem, ob der Gegenstand mehr oder weniger komplex ist. Im Grunde kann diese Fähigkeit nur ein Mittel sein, die Lebenskraft der Phantasie anzureizen, eine potentielle in aktuelle Energie umzu-

> Immer diese Macht der Ungleichheit.

---

* Edgar Poe, *Über Shakespeare* (Marginalia).
** Wenn man klarstellt, warum die Identifikation mit einem materiellen Gegenstand sinnwidriger *scheint* als die mit einem lebenden Gegenstand, wird man in der Frage einen Schritt weitergekommen sein.

wandeln, bis zu dem Punkt, wo sie zu einem pathologischen Symptom wird und auf entsetzliche Art die fortschreitende Abstumpfung einer dahinschwindenden Intelligenz beherrscht.

Vom reinen Anschauen der Dinge bis zu diesen Zuständen hat der Geist nichts anderes getan, als seine Funktionen zu erweitern und sich Wesenheiten zu schaffen, entsprechend den Problemen, die ihm jeder Sinneseindruck aufgibt und mit denen er mehr oder minder leicht fertig wird, je nachdem, ob von ihm eine mehr oder minder intensive Erschaffung solcher Wesenheiten gefordert wird. Man sieht, daß wir hier auf die eigentliche *Praxis* des Denkens stoßen. Denken besteht fast in der gesamten Zeit, die wir ihm widmen, in einem Herumirren zwischen Motiven, von denen wir in erster Linie wissen, daß sie uns *mehr oder weniger* bekannt sind. Man könnte eine Einteilung der Dinge nach der geringeren oder größeren Schwierigkeit, die sie unserem Verstehen entgegensetzen, vornehmen, man könnte sie einteilen nach dem Grad unserer Vertrautheit mit ihnen und nach den verschiedenerlei Widerständen, die uns ihre Beschaffenheit oder ihre Teile entgegensetzen, um als Ganzes vorgestellt zu werden. Es blieben nun noch Vermutungen über die Geschichte dieser Abstufung eines innig verwobenen Ganzen anzustellen.

Auch hier die Ungleichheit.
Der Übergang vom *Weniger* zum *Mehr* erfolgt spontan, der Übergang vom *Mehr* zum *Weniger* erfolgt durch Nachdenken und kommt selten vor – er ist ein Bemühen, wider das routinemäßige und bloß anscheinende Verstehen anzugehen.

Die Welt ist unregelmäßig mit regelmäßigen Anordnungen übersät. Zu diesen gehören die Kristalle, die Blumen, die Blätter; die unterschiedlichsten Streifen- oder

Wäre alles unregelmäßig oder alles regelmäßig, so gäbe es kein Denken, das ja der

> Versuch ist, von der Unordnung zur Ordnung überzugehen, wobei es, um tätig zu werden, das Ungeordnete und als Leitbild das Geordnete braucht.
>
> Das Isolierte, das einzelne, das Individuelle bleiben unerklärbar, das heißt, sie haben als Ausdruck nur sich selbst.
>
> Unüberwindliche Schwierigkeit, die mit den *Primzahlen* gegeben ist.

Fleckenmuster auf Fellen, die Flügel, die Schalen von Tieren; die Windspuren im Sand und auf der Oberfläche des Wassers usw. Zuweilen hängen diese Effekte von einer Art Perspektive oder von unstetigen Gruppierungen ab; bei Entfernung treten sie hervor, oder ihr Muster ändert sich; die Zeit bringt sie zum Vorschein oder verhüllt sie. So zeigt die Zahl der Todesfälle, der Geburten, der Verbrechen und Unfälle innerhalb ihrer Variation eine Regelmäßigkeit, die um so deutlicher wird, je mehr Jahre man zur Beobachtung heranzieht. Die überraschendsten und, gemessen am Verlauf der unmittelbar benachbarten Augenblicke, *asymmetrischsten* Ereignisse gehen, wenn wir sie auf weitergefaßte Abschnitte beziehen, in so etwas wie eine Ordnung ein. Man kann diesen Beispielen des weiteren die Instinkte, die Gewohnheiten und Sitten zugesellen, ja sogar jene Beispiele einer dem Anschein nach periodischen Wiederkehr, die so viele geschichtsphilosophische Systeme hervorgebracht haben.

Die Erkenntnis der regelmäßigen Kombinationen fällt in den Bereich der einzelnen Wissenschaften und – wenn sie erkenntnismäßig nicht feststellbar sind – in den der

> – die seit 1894 nahezu in den gesamten Bereich der Physik eingedrungen ist.[13]

Wahrscheinlichkeitsrechnung. Für unsere Absicht genügt, was wir eingangs gesagt haben: die regelmäßigen Kombinationen, ob zeitlicher oder räumlicher Art, sind im Feld unserer Forschung unregelmäßig verteilt. Geistig gesehen scheinen sie einer Vielzahl formloser Dinge gegenüberzustehen.

Ich glaube, man könnte sie als die »ersten

Anleiter« des menschlichen Geistes bewerten, wenn eine derartige Behauptung sich nicht auch sofort umkehren ließe. In jedem Falle stellen sie die *Stetigkeit* dar.*
Ein Gedanke bewirkt eine Veränderung oder Verlagerung (beispielsweise der Aufmerksamkeit) unter Elementen, die im Verhältnis zu ihm als fest angenommen werden und die er der Erinnerung oder der augenblicklichen Wahrnehmung entnimmt. Wenn diese Elemente einander völlig gleich sind oder wenn ihr Unterschied sich lediglich auf den Abstand beschränkt, das heißt: auf die schlichte Tatsache, daß sie nicht ineinander übergehen, besteht die *Arbeit*, die zu leisten ist, nur darin, sie im Bewußtsein auseinanderzuhalten. So wird von allen Linien eine gerade Linie am leichtesten zu begreifen sein, weil es das Denken die allergeringste Mühe kostet, von einem ihrer Punkte zum nächsten zu gehen, insofern jeder dieser Punkte im Verhältnis zu allen anderen gleich gelagert ist. In anderen Worten: alle Teile sind einander derart gleich, wie kurz man sie auch annehmen mag, daß sie allesamt auf einen einzigen, und zwar immer gleichen Teilabschnitt zurückgehen: darum gibt man auch stets den Umfang von

Am leichtesten zu begreifen – sehr schwer zu *definieren*.
Die ganze Stelle ist ein jugendlicher und reichlich mißglückter Versuch, die *einfachsten* Intuitionen zu beschreiben – bei welchen sich manchmal die Welt der Bilder und das System der *Begriffe* die Hand reichen.

---

* Dieses Wort wird hier nicht im mathematischen Sinne gebraucht. Es handelt sich nicht darum, in ein *Intervall* ein abzählbares Unendliches und ein unabzählbares Unendliches einzuschalten; es handelt sich um nichts anderes als die naive Intuition von Gegenständen, die an Gesetze denken lassen, und von Gesetzen, die sinnfällig sind. Die Existenz oder die Möglichkeit derartiger Dinge ist das erste und sicher nicht am wenigsten verwunderliche *Faktum* dieser Art.

Figuren mit geraden Strecken wieder. Auf einer höheren und komplexeren Stufe zieht man zur Darstellung kontinuierlicher Eigenschaften die Periodizität heran, denn diese Periodizität, mag sie nun in Zeit oder Raum stattfinden, ist nichts anderes als die Aufspaltung eines gedachten Gegenstandes in Bruchteile, derart, daß diese unter gewissen definierten Bedingungen füreinander eintreten können – oder daß sich dieser Gegenstand unter den gleichen Bedingungen vervielfachen läßt.

Unterdessen, 1930, ist der Punkt erreicht, wo diese Schwierigkeiten *dringend* werden. Ich habe im Jahre 94 diesen Zustand sehr im groben umschrieben; inzwischen verzweifeln wir an jeder Erklärung durch *Figuren* – ja an jeder verstandesmäßigen Erklärung.

Warum läßt sich von allem, was vorhanden ist, nur ein Teil auf solche Weise reduzieren? Ein Augenblick tritt ein, da die Figur so komplex wird, da das Ereignis derart neu erscheint, daß man darauf verzichten muß, sie im Ganzen zu fassen und mit ihrer Übertragung in kontinuierliche Größen fortzufahren. An welchem Punkt haben Männer wie Euklid ihre Untersuchung der Formen abgebrochen? Bis zu welchem Grade war die Stetigkeit der Figur unterbrochen, daß sie nicht weiterkamen? Ein Schlußpunkt der Forschung ist hier erreicht, an dem man unwillkürlich geneigt ist, nach den Evolutionstheorien zu greifen. Man will sich nicht eingestehen, daß diese Grenzschranke endgültig sein könnte.

– wie Langevin hofft – ich dagegen nicht – (Streitgespräch in der Société de Philosophie, 1929).

Insgesamt findet eine Anpassung an die Verschiedenartigkeit, die Vielfalt und Unbeständigkeit der *Tatsachen* statt.

Eines steht fest: Grundlage aller Spekulationen ist die Erweiterung der Kontinuität durch Metaphern, Abstraktionen und Sprachen. Die Künste bedienen sich ihrer auf eine Weise, von der gleich zu sprechen sein wird.

Wir gelangen dahin, uns die Welt als etwas vorzustellen, was sich hie und da auf intelligible Bestandteile zurückführen läßt. Manchmal reichen dafür unsere Sinne aus, in anderen Fällen wendet man außerordentlich sinnreiche Methoden an, und trotzdem bleiben leere Stellen. Die Versuche bleiben lückenhaft. Hier nun ist das Reich unseres Helden. Er hat einen stark ausgeprägten Sinn für Symmetrie, der ihm alles zum Problem werden läßt. In jede Verstehenslücke dringt sein erfinderischer Geist ein. Man sieht, wie gut er zu brauchen ist. Er ist gleichsam eine Hypothese der Physik. Man müßte ihn erfinden, aber er ist schon leibhaftig da; jetzt erst kann man sich vom universalen Menschen ein Bild machen. Ein Leonardo da Vinci kann in unseren Geist eingehen, ohne ihn allzu stark zu blenden, und zwar im Namen einer definierbaren Anschauung: das Nachsinnen über seine Schöpferkraft braucht nicht zu rasch im Nebel großer Worte und Beiworte, die der Konsistenz des Denkens so sehr geschadet haben, unterzugehen. Glaubt man etwa, daß er selber sich mit dergleichen Luftspiegelungen begnügt hätte?

Das hat sich, dreißig Jahre später – heute – im Jahre 1930 –, seltsam bewahrheitet. Die physikalische Theorie – in ihrer tiefsten und kühnsten Ausprägung – hat unter dem Zwang, auf die *Bilder*, die visuelle und motorische Ähnlichkeit zu verzichten, nur noch *ein* Leitprinzip, um ihr ungeheures Gebiet zu umspannen, die Gesetze zu vereinheitlichen und sie vom Ort, vom Zeitpunkt und der Bewegung des Betrachters unabängig zu machen – nämlich die *Symmetrie* der Formeln.

Dieser *symbolische* Geist birgt in sich eine überaus reichhaltige Sammlung von Formen, einen immer klaren Hort von Verhaltensweisen der Natur, eine Bewältigungskraft, die immer auf dem Sprunge ist und die mit der Ausdehnung seines Bereichs wächst. Eine Fülle von Wesen, eine Fülle möglicher Erinnerungen, die Kraft, in Weltweiten eine außerordentlich große Zahl bestimmter Dinge zu erkennen und sie auf tausenderlei Art zusammenzufügen, machen seine Anlage aus. Er ist der Herr der Gesichter, der Anatomien, der Maschinen. Er weiß, woraus er sich ein Lächeln bilden kann; er vermag, es der Front eines Hauses, den Faltungen eines Gartens einzusetzen; er zerzaust und kräuselt die Strähnen der Gewässer, die Zungen der Flammen. In furchtbaren Garben zeichnen sich – wenn seine Hand die Wechselfälle eines Sturmangriffs, den er ersinnt, in Figuren festhält – die Flugbahnen von Tausenden von Geschützkugeln ab, die das Bollwerk von Städten und festen Plätzen, kaum daß er sie in allen Einzelheiten erbaut und bewehrt hat, in Trümmer legen. Als dünkten ihn Wandelbarkeit und Möglichkeit der Dinge im Ruhezustand zu langsam, schwärmt er für die Schlachten, die Stürme, die Sintflut. Er hat sich zur Anschauung ihrer mechanischen Gesamtwirkung erhoben und zum Gefühl der anscheinenden Unabhängigkeit und Lebendigkeit ihrer Bruchteile, als er eine Handvoll Staub aufstieben sah oder wenn er sich in die übersteigerte Vorstellung jedes einzelnen Kämpfers versetzte, in der eine Leidenschaft und ein geheimer Schmerz sich winden.* Er ist in den »zaghaften und jähen« Körperchen der Kinder; er kennt die Verkümmerungen in den Gebärden der Greise und Frauen, die Vereinfachung des Leichnams. Er besitzt die geheime Kunst, phantastische Wesen zu

---

* Siehe die Schilderung einer Schlacht, der Sintflut usw. im *Traktakt über die Malerei* und in den Handschriften des »Institut« (Ed. Ravaisson-Mollien). In den Handschriften von Windsor sieht man die Zeichnungen von Stürmen, Beschießungen usw.

bilden, deren wirkliches Vorhandensein wahrscheinlich wird und bei denen die Überlegung, die ihre Teile aufeinander abstimmt, so stark ist, daß sie auf Leben und Natürlichkeit des Ganzen schließen läßt. Er schafft einen Christus, einen Engel, ein Ungeheuer, indem er, was bekannt und allenthalben ist, in eine neue Ordnung bringt und sich Illusion und Abstraktion der Malerei zunutze macht, die immer nur *eine* Qualität der Dinge wiedergibt und mit ihr alle Qualitäten aufruft.

Von den Beschleunigungen oder Verzögerungen, die mit Erdstürzen oder Steinschlägen sinnfällig gemacht werden, von den massiven Wölbungen zum vielfachen Faltenspiel, von den Rauchfahnen, die auf Dächern sprießen, zu fern ragenden Höhen, zu den verschleierten Buchen am Horizont; von den Fischen zu den Vögeln, von den Sonnenfunken des Meeres zu den unzähligen Glimmerplättchen des Birkenlaubs, von den Schuppen zu den Glanzlichtern auf Meeresbuchten, von Ohren und Locken zu den erstarrten Strudeln der Muscheln reicht sein Weg. Von der Muschel wechselt er über zum eingerollten Kamm der schwankenden Woge, von der blanken Haut kleiner Teiche zu den Adern, die sie zu erwärmen vermöchten, zu elementaren Bewegungen des Kriechens, zu flüssigen Schlangen. Er belebt. Das Wasser um den Schwimmer* klebt er ihm in Schärpen und Bändern an, die getreu die Muskelarbeit nachbilden. Die Luft verfestigt er in der Kielspur der Ler-

Skizzen dieser Art finden sich in Leonardos Handschriften in großer Zahl. Man sieht ihn hier aus der *Vorstellung* abbilden, was die Photographie unserer Tage sichtbar gemacht hat.

---

* Skizze in den Handschriften des »Institut«.

chen mit kleinen Dunkelschraffierungen, mit einem schaumigen Gequirl von Blasen; es ist die zergehende Hinterlassenschaft dieser luftigen, atmend bewegten Bahnen an die bläulichen Blätter des Raums, die Dichte des unbestimmten Raumkristalls.

Er baut alle Bauwerke noch einmal; alle Möglichkeiten, sich die verschiedensten Stoffarten anzueignen, reizen ihn. Er hat seine Lust an der Verteilung der Dinge in den Dimensionen des Raums; an Bogenrundungen, Verstrebungen, gespannten Kuppeln; an Galerien und Zeilenarkaden; an Massen, deren Last sich im Gewölbebogen freischwebend hält; an Widerlagern, an Brücken; am verschieden tiefen Grün der Bäume, das sich in eine Atmosphäre hineinstaffelt, mit der es sich durchtränkt, an der Flugordnung der Zugvögel, deren südwärts gespitzte Dreiecke ein rationelles Schema lebender Geschöpfe sichtbar machen.

Er läßt sich auf alles ein, wagt sich vor und übersetzt in diese universale Sprache klar und deutlich alle seine Empfindungen. Die Fülle seiner metaphorischen Auskünfte gestattet ihm das. Seine Lust an der Unerschöpflichkeit auch des geringfügigsten Bruchstücks, des flüchtigsten Aufstrahlens der Welt versichert ihn aufs neue seiner Kraft, gibt ihm den Zusammenhalt seines Wesens wieder. Seine Freude lebt sich in schmückenden Festdekorationen aus, in reizenden Erfindungen, und wenn er davon träumt, einen *fliegenden Menschen* zu konstruieren, läßt er ihn in die Lüfte steigen, um Schnee von den Gipfeln der

Seine Denkleistung erweist sich in alldem jener langsamen Umwandlung des Raumbegriffs zugehörig, dem als Vorstellung nicht mehr eine leere Kammer, ein einhelliges Volumen entspricht, sondern der allmählich zu einem System wird, das von der in ihm enthaltenen Materie und der Zeit unabtrennbar wird.

Berge zu holen und im Sommer auf das vor Hitze brodelnde Pflaster der Städte zu streuen. Sein bewegtes Gefühl geht hinüber in die Köstlichkeit reiner Gesichter, die ein Schatten des Schmollens verzieht, in die Gebärde eines Gottes, der stumm ist. Sein Haß kennt alle Waffen, alle Tücken des Ingenieurs, alle feinen Kniffe des Strategen. Er stellt furchtbare Kriegsgeräte auf, die er hinter Bastionen, Laufgängen und vorspringenden Bollwerken verschanzt, er baut in die Zuggräben Schleusen ein, die einer Belagerung im Nu ein anderes Gesicht geben; und mit besonderer Freude denke ich daran – weil dies für die schöne Keckheit der Italiener im 16. Jahrhundert so bezeichnend ist –, daß er Wehrtürme gebaut hat, deren vier Treppenaufgänge unabhängig voneinander um dieselbe Mittelachse geführt waren, so daß die Söldnertruppen und ihre Anführer und die einzelnen Trupps angeheuerter Soldaten getrennt waren.

Er vergöttert den männlich und weiblich gebildeten Körper, der sich an allem mißt. Er hat seine Höhe im Gefühl, und daß eine Rose ihm unter Umständen bis an die Lippen reicht, während eine große Platane ihn mit ihrem aufschießenden Drang um das Zwanzigfache übertrifft und wieder zurückfallend das Laub bis auf seinen Scheitel senkt; und daß er mit seiner strahlenden Form einen möglichen Saal erfüllt, eine gewölbte Höhlung, die daraus hervorgeht, eine natürliche Lichtung, die seine Schritte bemißt. Er beobachtet die abfallende Linie des aufgestellten Fußes, das im Fleisch verschwiegene Skelett, das

Zusammenspiel beim Gehen, das ganze Oberflächenspiel von Wärme und Kühle, das hinstreift über die Nacktheit seiner einen Mechanismus umhüllenden Übergänge von Weiß und Bronzebraun. Aber das Gesicht, dieses lichtspendende und lichtempfangende Ding, das sonderbarste unter allen sichtbaren Dingen, das anziehendste, das sich am schwersten anschauen läßt, ohne daß man darin liest, hält ihn gebannt. Im Gedächtnis eines jeden von uns hausen unbestimmt ein paar hundert Gesichter mit ihren Abweichungen. In seinem hingegen waren sie geordnet und folgten einander von Gesicht zu Gesicht; von einer Ironie zur anderen, von einer Weisheit zu einer weniger weisen, von der Güte bis zur Göttlichkeit, nach symmetrischem Gesetz. Um die Augen, diese Festpunkte, die veränderlich strahlen, läßt er mit höchster Aussagekraft die Maske spielen und sich verzerren, deren komplizierte Gliederung und Ineinandergreifen bestimmter Bewegungsorgane die gleichmäßige Haut verdeckt.

In der Menge der Geister erscheint er wie eine jener *regelmäßigen Kombinationen*, von denen wir gesprochen haben: Anscheinend braucht er, um verstanden zu werden, sich nicht wie die überwiegende Mehrzahl an eine Nation, eine Überlieferung, eine Gruppe, die sich derselben Kunst befleißigt, anzuschließen. Die Anzahl und der innere Zusammenhang seiner Handlungen machen aus ihm ein symmetrisches Gebilde, etwas wie ein *System, das in sich selber vollkommen ist* oder was sich unablässig in ein solches verwandelt.

Vielleicht entfernt die weitestreichende Inbesitznahme seiner selbst den einzelnen von jeder Besonderheit – es sei denn jener einen Besonderheit, Herr und Mittelpunkt seiner selbst zu sein?

Er ist danach geschaffen, den modernen Menschen zur Verzweiflung zu bringen; ist dieser doch von Jugend an einer speziellen Richtung hörig, die ihn, wie man meint, zu überlegenen Leistungen führen muß, weil er ganz in ihr befangen ist: Man beruft sich auf die Vielfalt der Methoden, auf die Menge von Einzelheiten, auf die ständige Summierung von Tatsachen und Theorien und bringt es doch nur zu einer Verwechslung des geduldigen Beobachters, des peinlich bemühten Registrators dessen, was ist, des Individuums, das sich nicht ohne Verdienst – wenn das Wort einen Sinn hat! – der exakten Arbeitsweise eines Werkzeugs angleicht, mit dem Menschen, für den diese Arbeit geleistet wird, mit dem Dichter in Hypothesen, dem Baumeister analytischer Materialien. Zum einen paßt die Geduld, die einsinnige Richtung, die Spezialisierung und das Sichzeitnehmen. Der Verzicht auf selbständige Denkleistung macht seine Stärke aus. Der andere hingegen muß quer durch die Trennungsschranken und Scheidewände aus und ein gehen. Seine Aufgabe ist, sie zu durchbrechen. Ich möchte hier auf eine Parallele zwischen der Spezialisierung und jenem schon erwähnten Zustand der Verbohrtheit aufgrund eines fortgesetzten sinnlichen Eindrucks hinweisen. Doch trifft wohl am ehesten das Argument zu, daß jede neue Entdeckung, auf welchem Gebiet auch immer, in neun von zehn Fällen dem Eindringen von Mitteln und Erkenntnissen, die nicht vorgesehen waren, zu danken ist; nachdem wir diese Fortschritte auf die Schöpfung zuerst von

In *Anmerkung und Abschweifung* wird dieser Gedanke weiter entwickelt.

Bildern, dann von Sprachformen zurückgeführt haben, kommen wir nicht an dem Schluß vorbei, daß die Menge der Sprachformen, die ein Mensch beherrscht, sich in besonderem Maße auf die Anzahl der Chancen, neue zu finden, auswirkt. Es wäre nicht schwer aufzuzeigen, daß alle jene Geister, die Generationen von Suchern und Wortfechtern den Stoff geliefert haben und deren Hinterlassenschaft das menschliche Meinen, die menschliche Nachredesucht jahrhundertelang gespeist hat, mehr oder minder universal gewesen sind. Die Namen Aristoteles, Descartes, Leibniz, Kant, Diderot sind hierfür ausreichender Beleg.

Damit kommen wir zu den Freuden der *Konstruktion*. Wir werden versuchen, anhand einiger Beispiele die bisher geäußerten Ansichten zu begründen und im Bereich ihrer Anwendung die Möglichkeit, ja fast die Notwendigkeit eines Zusammenspiels aller Denkformen aufzuzeigen. Ich möchte zeigen, wie mühsam die Einzelergebnisse, die ich flüchtig berühren werde, zu erzielen wären, wenn nicht Begriffe, die einander fernzustehen scheinen, in Menge an ihnen mitbeteiligt wären.

Wen nie – sei es auch nur im Traum! – ein Unternehmen gepackt hat, das er mit völliger Freiheit auch wieder fahrenlassen kann, wer sich nie an das Abenteuer einer Konstruktion gewagt hat, die schon abgeschlossen ist, wenn die anderen sie erst beginnen sehen, und wer nicht die das eigene Selbst entflammende Begeisterung einer einzigen Minute gekostet hat, das Gift der

Heute würde ich schreiben, daß die Anzahl der möglichen Verwendungen eines Wortes durch den einzelnen von größerer Bedeutung ist als die Anzahl der Wörter, über die er verfügt.[14] *Vgl. Racine, Victor Hugo.*

Diderot wirkt in diesem Zusammenhang befremdend. Vom Philosophen hatte er nur die Leichtfüßigkeit, die man zum Philosophieren braucht und die, nebenbei gesagt, viele Philosophen vermissen lassen.

Das Willkürliche als Schöpfer des Notwendigen...

Empfängnis, die Skrupel, die Kälte innerer Einwände und jene wechselseitige Ablösung von Gedanken, bei der immer der stärkste und umfassendste auch über die Gewohnheit, ja sogar über die Neuartigkeit siegen muß, wer nicht auf dem blanken Weiß der Seite[15] ein Bild geschaut hat, an dem die Möglichkeit und der bedauernde Verzicht auf alle Zeichen, die von der getroffenen Wahl ausgeschlossen blieben, zehrte, und wer nicht im lichten Luftraum ein nichtvorhandenes Bauwerk erblickt hat, wen nicht Schwindel angesichts des Abstandes von einem Ziel ergriffen hat, die bange Sorge um die Mittel zu seiner Verwirklichung, das Gefaßtsein auf Verzögerungen und Enttäuschungen, die Berechnung der fortschreitenden Phasen, die in die Zukunft entworfene Planung, die sogar damit rechnet, was *dann* nicht in die Überlegung einzutreten hat – der kennt auch nicht, wie immer es sonst um sein Wissen bestellt sein mag, den Reichtum und die Ergiebigkeit und die geistige Spannweite, die der Tatbestand des *Konstruierens* erhellt. Auch die Götter haben vom menschlichen Geist die Gabe des *Schöpferischen* empfangen, weil dieser Geist seiner periodisierenden und abstrahierenden Anlage gemäß das Faßbare bis zum Unfaßbaren hin erweitern kann.

Konstruieren spielt sich zwischen einem Vorsatz oder einer eindeutig bestimmten Schau und den zu ihrer Verwirklichung gewählten Materialien ab. Man setzt eine Ordnung an die Stelle einer anderen ursprünglichen, was für Gegenstände man auch ordnen mag. Es sind Steine, Farben,

Diese Unabhängigkeit ist Voraussetzung der *Form*suche. Dagegen geht *in einer anderen Phase* der Künstler darauf aus, die Besonderheit, wenn nicht gar die Einzigartigkeit, die er zunächst aus dem Bereich seiner Aufmerksamkeit getilgt hatte, wiedereinzusetzen.

Worte, Begriffe, Menschen usw.; ihre Eigenbeschaffenheit verändert nicht die allgemeinen Bedingungen jener Art von Musik, in der sie vorerst – um im Bilde zu bleiben – nur die Rolle der Klangfarbe spielt. Erstaunlich ist oft der Eindruck von Richtigkeit und Zweckdienlichkeit bei menschlichen Konstruktionen, die aus anscheinend unvereinbaren Gegenständen zusammengefügt sind, als hätte der Meister, der die Anordnung vornahm, geheime Wahlverwandtschaften in ihnen entdeckt. Doch über die Maßen sind wir erstaunt, wenn wir darauf kommen, daß der Urheber in der überwiegenden Mehrzahl der Fälle außerstande ist, sich über die eingeschlagenen Wege Rechenschaft zu geben, daß er Inhaber einer Macht ist, deren Antriebsfedern ihm unbekannt sind. Er kann niemals im voraus einen Erfolg für sich buchen. Aufgrund welcher Berechnungen lassen sich die Teile eines Gebäudes, die Elemente eines Dramas, die Komponenten eines militärischen Sieges miteinander vergleichen? Welche Reihenfolge verborgener Analysen führt zur Schöpfung eines Werkes?

Der Instinkt ist ein Impuls, dessen Ursache und Ziel im *Unendlichen* liegen, wenn man einmal annimmt, daß bei dieser Gattung *Ursache und Ziel* überhaupt eine Rolle spielen.

In solchem Fall ist es üblich, sich um Aufklärung an den Instinkt zu wenden, doch gibt es zunächst einmal für den Instinkt auch heute noch keine rechte Erklärung, und zudem müßte man sich in diesem Falle auf ausgesprochene Sonderinstinkte persönlicher Art beziehen, das heißt auf den widerspruchsvollen Begriff einer »Erbgewohnheit«, die sowenig gewohnheitsmäßig wie erblich ist.

Konstruieren legt, sofern die aufgewendete Mühe zu einem verständlichen Ergebnis führt, den Gedanken an einen gemeinsamen Maßstab der eingesetzten Bestimmungselemente nahe, an ein Element oder ein Prinzip, von welchem schon die bloße Aufnahme ins Bewußtsein bedingt ist und das nur abstrakter oder imaginärer Art sein kann. Ein Ganzes, das aus Veränderungen besteht, ein Bild, ein Gebäude vielzähliger Eigenschaften können wir uns nicht anders denn als gemeinsamen Ort der Modalitäten einer einzigen *Materie* oder eines einzigen *Gesetzes* vorstellen, dessen fortlaufender Zusammenhang von uns in dem Augenblick bestätigt wird, da wir dieses Gebäude als ein In-sich-Ganzes, als den abgegrenzten Bereich unserer Untersuchung anerkennen. Hier stoßen wir abermals auf jenes seelische Postulat der Kontinuität, das im Bereich unserer Erkenntnis eine ähnliche Rolle spielt wie das Trägheitsgesetz in der Mechanik. Allein die rein abstrakten, rein differentiellen Kombinationen, wie die Zahlenkombinationen der Mathematik, lassen sich aufgrund festgelegter Größen konstruieren; beachten wir, daß sie zu unseren sonstigen möglichen Konstruktionen im selben Verhältnis stehen wie die regelmäßigen Gebilde in der äußeren Welt zu denen, die es nicht sind.

differentiell wird hier nicht im streng mathematischen Sinne gebraucht. Ich meinte Kombinationen aus identischen Elementen.

Es gibt in der Kunst ein Wort, das allen ihren Spielarten, allen ihren Launen einen Namen leiht und das mit einem Schlag alle vorgeblichen Schwierigkeiten, die ihr aus dem Gegensatz zur Natur oder aus der Annäherung an sie erwachsen, aus dem Wege räumt, jener Natur, die sich nicht ohne Grund noch nie fassen ließ: es lautet

Ornament.[16] Stellen wir uns doch nacheinander die geschweiften Strichmuster, die gleichmäßigen Unterteilungen vor, wie sie die ältesten Gegenstände, die wir kennen, überziehen; denken wir an die Umrisse von Vasen und Tempeln; die Vierecke, Schneckenwindungen, Eiformen und Streifen der Antike; die kristallinisch wuchernden Wandflächen der Araber; die Gewölberippen und Symmetrien der Gotik; die Wellen, die Flammen und Blumen auf Lack und Bronze der Japaner; und in jeder dieser Epochen das Eindringen pflanzenhafter, tier- oder menschenähnlicher Bildungen, die Vervollkommnung in der Ähnlichkeit ihrer Wiedergabe: die Malerei, die Plastik. Oder denken wir an die Sprache und ihre ursprüngliche Melodie, an die Trennung des Wortes von der Musik, an ihrer beider Aufschwung, an die Erfindung der Wörter, der Schrift, durch welche erst die Verschränkung von Satz*figuren* möglich wird, an das so merkwürdige Aufkommen abstrakter Wörter; und denken wir andererseits daran, wie das System der Töne allmählich anschmiegsamer wird, wie es von der Stimme auf die Resonanz bestimmter Stoffe übergreift, wie es durch die Harmonie an Tiefe gewinnt und sich durch die Verwendung der Klangfarbe vervielfältigt. Man beachte schließlich, wie parallel dazu die Denkformen fortschreiten, von den seelischen Lautbildern der Urzeit, den elementaren Entsprechungen und Kontrasten zu den Substanzideen, den Metaphern, dem Gestammel der Logik, zu den Formalismen und Entitäten, den metaphysischen Wesenheiten ...

Ornament als Antwort auf die Leere, als Möglichkeitsausgleich ergänzt gewissermaßen eine Freiheit und hebt sie auf.

Diese ganze vielgestaltige Lebenskraft läßt sich unter dem Gesichtspunkt des Ornaments richtig bewerten. Die aufgezählten Darstellungen kann man als endliche Raum- oder Zeitabschnitte auffassen, die verschiedenerlei Variationsformen in sich aufnehmen, unter denen sich zuweilen auch bezeichenbare und bekannte Gegenstände finden, deren Bedeutung und üblicher Gebrauch jedoch übergangen wird, so daß von ihnen nur die Ordnung und die wechselseitigen Rückwirkungen übrigbleiben. Von dieser Ordnung hängt die Wirkung ab. Wirkung ist das Ziel der Ornamentik, und insofern bekommt das Werk den Charakter eines Mechanismus, der ein Publikum beeindrucken, der Gemütsbewegungen hervorrufen und die Bilder einander erwidern lassen soll.

Unter diesem Gesichtspunkt betrachtet, ist der Ornamentbegriff für die Einzelkünste, was die Mathematik für die Wissenschaften ist. So wie die physikalischen Begriffe: Zeit, Länge, Dichte, Masse usw. in den Berechnungen nur als homogene Quantitäten auftreten und erst bei der Auslegung der Ergebnisse ihre Individualität wiederfinden, ebenso erscheinen die im Hinblick auf eine Wirkung ausgesuchten und angeordneten Gegenstände gleichsam losgetrennt von der Mehrzahl ihrer besonderen Eigenschaften und nehmen diese erst wieder bei der Wirkung in sich auf, das heißt: im unvoreingenommenen Geist des Betrachters. Mithin ist es eine Abstraktion, mit deren Hilfe sich das Kunstwerk konstruieren läßt, und diese Abstraktion ist mehr oder weniger wirk-

Es handelt sich hier nicht um *Homogenität* im wissenschaftlichen Sinne. Es sollte nur zum Ausdruck gebracht werden, daß sehr verschiedenartige Qualitäten, sobald sie durch Größen dargestellt werden, für das mathematische Denken und innerhalb des mathematischen Denkens nur noch als Zahlen fungieren.
So betrachtet auch der

Maler innerhalb seiner künstlerischen Tätigkeit die Dinge als Farben und die Farben als Elemente seines Tuns.

sam, mehr oder weniger leicht zu definieren, je nachdem ob die der Wirklichkeit entlehnten Bestandteile mehr oder weniger komplex sind. Umgekehrt kommt es sozusagen auf dem Induktionsweg, durch die Erzeugung geistiger Bilder, zur Bewertung jedes Kunstwerks; und auch dieses Erzeugen wird mehr oder weniger wirksam, mehr oder weniger *ermüdend* sein, je nachdem, ob ein schlichtes Flechtmuster auf einer Vase oder ein gebrochener Satz Pascals der hervorrufende Anreiz ist.

Der Maler ordnet auf einer Fläche farbige Schichten an, die ihm mit ihren Trennungslinien, dem Auftrag, den Übergängen und Kontrasten als Ausdrucksmittel dienen sollen. Der Betrachter sieht darin lediglich ein mehr oder weniger getreues Abbild von Fleischtönen, Gebärden und Landschaften, als sähe er durch ein Fenster in der Museumswand. Das Bild wird mit derselben geistigen Einstellung beurteilt wie die Wirklichkeit. Man klagt über die Häßlichkeit der Darstellung, andere sind darin verliebt; gewisse Leute ergehen sich in einer wortreichen Psychologie; manche sehen sich nur die Hände an und finden sie immer unvollkommen. Tatsächlich genügt das Bild einer unmerklichen Anforderung, wenn es die physischen und natürlichen Bewandtnisse unserer Umwelt wiedergibt. Die Schwere wirkt in ihm auf gleiche Weise wie hier, das Licht pflanzt sich auf gleiche Weise fort; und so treten allmählich Anatomie und Perspektive in die vorderste Linie malerischen Wissens.

Ich glaube jedoch, daß die sicherste Methode, ein Gemälde zu beurteilen, darin besteht, daß man zunächst nichts in ihm wiedererkennt und Schritt für Schritt die Folge von Induktionen vollzieht, wie sie die gleichzeitige Anwesenheit farbiger Flecken auf einem begrenzten Feld erforderlich macht, um dann von Metapher zu Metapher, von Vermutung zu Vermutung bis zum Verständnis des Themas aufzusteigen, manchmal auch nur bis zum Bewußtsein des Wohlgefallens, das man nicht immer auf Anhieb verspürt hat.

Ich weiß für die landläufige Einstellung zur Malerei kein ergötzlicheres Beispiel als jenes weltberühmte *Lächeln der Mona Lisa*, dem das Beiwort »rätselhaft« unwiderruflich anzuhaften scheint. Diesem Gesichtszug ist die Ehre zuteil geworden, einen Wortschwall zu entfesseln, dem in allen Literaturen der Ehrenname »Kunsterlebnis« oder »Kunstempfinden« zuteil ward. Man hat ihn begraben unter einem Wust von Geschwätz, er ist verlorengegangen in der Unmenge von Artikeln, die in der Regel damit beginnen, daß man ihn *verwirrend* nennt, und die mit einem gemeinhin verschwommenen *Seelen*gemälde aufhören. Und doch würde dieses Lächeln ein minder berauschtes Studium lohnen. Es waren nicht ungenaue Beobachtungen und willkürliche Zeichen, deren Leonardo sich bediente, sonst wäre die Gioconda nie geschaffen worden. Wache Aufmerksamkeit lenkte beständig seine Schritte.[18]

Im Hintergrund des *Abendmahls* befinden sich drei Fenster; das mittlere, das sich hinter Christus öffnet, ist von einer Lünette

Im gleichen Sinne bin ich, was die Dichtung betrifft, zu der Anschauung gekommen, daß man zunächst auf die Klangwerte als solche achten und ein Gedicht wie eine Art Musik lesen und wiederlesen soll; daß man Sinn und Absicht in die Aussage erst dann legen soll, wenn man das Klangsystem, das ein Gedicht – wenn es ein Gedicht sein soll – darstellt, richtig aufgefaßt hat.[17]

gekrönt. Wenn man deren Bogen verlängert, erhält man einen Kreisumfang, dessen Mittelpunkt Christus ist. Alle großen Linien des Freskos sind auf diesen Punkt bezogen. Die Symmetrie des Ganzen steht im Verhältnis zu diesem Mittelpunkt und der langen Geraden der Abendmahlstafel. Das Geheimnis, sofern ein Geheimnis vorliegt, bestände darin, zu wissen, wieso uns solche Kombinationen mysteriös anmuten; diese hier läßt sich jedoch, fürchte ich, aufklären.

Dennoch soll uns nicht die Malerei das schlagende Beispiel liefern, das wir brauchen, um die Kommunikation zwischen den verschiedenen Denktätigkeiten zu erläutern. Alle die vielen künstlerischen Verfahren, die dem Bedürfnis, eine Oberfläche zu füllen und aufzuteilen, entspringen, die Ähnlichkeit der ersten derartigen Versuche mit gewissen natürlichen, regelmäßig geformten Gebilden, die Entwicklung der Netzhautempfindlichkeit – all das soll hier übergangen werden, um den Leser nicht in allzu dürre Spekulationen hineinzuziehen. Eine umfassendere Kunst, die Ahnin gleichsam der Malerei, wird unserem Vorhaben besser dienen.

Das Wort *Konstruktion*, das ich mit Absicht gewählt habe, um das Problem menschlicher Intervention[19] in die Bewandtnisse der Welt noch stärker zu betonen und um den Leser auf die Logik des Themas hinzuführen, ihm einen stofflichen Anhalt zu bieten – dieses Wort soll jetzt in eingeschränkter Bedeutung verwendet werden. Die Architektur liefert uns das Beispiel.

Das Bauwerk (Kompositionselement der Civitas, auf der nahezu die gesamte Zivilisation beruht) ist ein derart vielseitiges Gebilde, daß unser Erkennen nacheinander eine Reihe von Bestimmungen von ihm abschält: zunächst ist es ein Zierstück, das sich auf wechselnde Art mit dem Himmel verbindet, dann ein überaus dichtes Motivgewebe nach Höhe, Breite und Tiefe, das sich durch die Perspektiven bis ins Unendliche abwandelt; dann ein festes, widerständiges, kühnes Ganzes mit den Merkmalen eines Lebewesens: eine gliedhafte Unterteilung, ein Knochengerüst und schließlich ein Mechanismus, dessen Agens die Schwere ist und bei dem geometrische Erwägungen in die Dynamik übergeführt werden, bis hin zu den subtilsten Spekulationen der Molekularphysik, für deren Theorien und darstellende Strukturmodelle es das Vorbild abgibt. Im Medium des Bauwerks, oder vielmehr in jenen imaginären Bauelementen, die in der Phantasie geschaffen und deren verschiedene Bedingungen aufeinander abgestimmt werden: die Zweckmäßigkeit des Baus auf seine Standfestigkeit, seine Verhältnisse auf den Standort, seine Form auf den Stoff, wobei jede dieser Bedingungen mit sich selber in Einklang gebracht wird: seine Millionen wechselnder Ansichten, seine Gewichtsverteilung, das Verhältnis seiner drei Dimensionen – in alldem läßt sich die Klarheit einer Geistestätigkeit wie derjenigen Leonardos am ehesten nachschaffen. Dieser Geist kann sich in die Sinneseindrücke des Menschen versetzen, der um das Bauwerk herumgeht, darauf zu-

Heute sind es keine *Gebäude* mehr, die die Physik in der Materie entdeckt. Was sie letzten Endes in ihr findet, ist *seinem Wesen nach Unbeschreibliches und Unvorhergesehenes!*
1930.

tritt, an einem Fenster erscheint, sowie in das, was er von dort aus wahrnimmt; er kann verfolgen, wie die Last des Dachaufbaus durch Wände und Stützpfeiler bis in die Fundamente abgeleitet wird; kann sich in die gegenstrebige Wucht der Dachbalken versetzen, in die Schwingungen des Windes, der sie heimsuchen wird; kann die Muster des Lichts voraussehen, ob es aus freiem Himmel auf Ziegel und Gesimse fällt oder gebrochen und eingefangen Sonnenstreifen auf den Fußboden wirft. Er wird nachfühlen und beurteilen, wie der Querbalken auf seinen Trägern lastet, wird überlegen, ob ein Bogen angebracht ist, wird mit den Schwierigkeiten der Wölbungen ringen, wird die Terrassen ihre Treppenkaskaden ausspeien lassen, wird all das leisten, was am Ende aus seiner Erfindung einen dauerhaften, geschmückten, beschirmten, von Fensteraugen durchschossenen Baukörper macht, der für unser Leben geschaffen ist, der unsere Worte bewahrt und den Rauch unseres Herdfeuers aus sich entläßt.

Im allgemeinen wird die Architektur verkannt. Die Meinung, die man von ihr hat, bewegt sich zwischen Theaterdekoration und Mietskaserne.[20] Man möge sich aber einmal den Begriff »Stadt« vergegenwärtigen, um ihrer weitgespannten Bedeutung gerecht zu werden, und möge sich, um ihren vielfältigen Reiz auf sich wirken zu lassen, der Grenzenlosigkeit ihrer Aspekte entsinnen; die Unbeweglichkeit eines Bauwerks ist die Ausnahme; der eigentliche Genuß liegt darin, den Ort derart zu wechseln, daß man es in Bewegung

Das heikelste Problem der Architektur als Kunst *besteht darin, diese unendlich wandelbaren Ansichten vorauszusehen. Das ist eine Probe auf das Bauwerk, die jede Architektur zu fürchten hat, wenn ihr Mei-*

bringt, um alle Kombinationen seiner wandlungsfähigen Glieder auszukosten: dann dreht sich auf einmal die Säule, die Tiefen geraten in Fluß, Arkaden gleiten vorüber, tausend Ansichten, tausend Akkorde gibt das Bauwerk frei.

ster nur darauf ausgegangen ist, eine Theaterkulisse zu schaffen.

(Mehrere Pläne für einen Kirchenbau, der nie ausgeführt worden ist, finden sich in Leonardos Handschriften. Die meisten lassen auf einen Entwurf für Sankt Peter in Rom schließen, der uns, wenn wir ihn mit dem Michelangelos vergleichen, bedauern läßt, daß er Entwurf geblieben ist. Leonardo, am Ende der Spitzbogenperiode und inmitten der Freilegung antiker Bauwerke stehend, findet zwischen diesen beiden Stilformen zum großen Stil der Byzantiner zurück: die erhöhte Kuppel über einem Kranz von Kuppeln, die einander überlagernden Schwellungen von Kuppeln, die um die mittlere und höchste aufwuchern, jedoch mit einer Kühnheit und Linienreinheit, die von den Baumeistern Justinians nie erreicht worden ist.)

Das Wesen aus Stein hat sein Dasein im Raum: was wir Raum nennen, steht in Zusammenhang mit jeder Art von Baugedanken; der architektonische Bau interpretiert den Raum und führt zu Hypothesen über seine Wesensart, Hypothesen, die insofern besonderen Charakters sind, als das Gebäude gleichzeitig sowohl ein Gleichgewicht aus Baustoffen im Sinne der Schwerkraft darstellt, ein sichtbares statisches Gefüge, als auch im Innern jedes einzelnen dieser Stoffe ein anderes Gleichgewicht, das molekular und nur wenig bekannt ist. Wer einen Bau entwirft, stellt sich zunächst die Schwere vor und betritt unmittelbar danach das dunkle Reich der Atome. Er stößt auf das Problem der Struktur: auf die Frage, welche Kombinationen zulässig sind, um den Bedingungen der Widerstandsfähigkeit, der Elastizität, wie sie in einem bestimmten Raum in Kraft treten, zu genügen. Man sieht, auf welche Art sich damit die Fragestellung logisch erweitert, wie man vom Bereich der Architektur, den man im allgemeinen so gern den Praktikern überläßt, zu den tiefgründigsten Theorien der theoretischen Physik und Mechanik geführt wird.

Die Einbildungskraft ist so gelehrig, daß die Eigenschaften eines Gebäudes und die innere Struktur irgendwelcher Stoffe sich gegenseitig erhellen. Sobald wir darangehen, uns den Raum vorzustellen, begibt er sich im Nu seiner Leere, bevölkert er sich mit einer Fülle absichtsvoller Konstruktionen, kann in jedem Falle an seine Stelle eine Verschränkung von Figuren treten, die sich so klein wie erforderlich annehmen lassen. Ein Gebäude von denkbar großer Kompliziertheit wird, wenn wir es vervielfältigen und entsprechend verkleinern, das Element eines Milieus verkörpern, das in seinen Eigenschaften von den Eigenschaften dieses Elements abhängig ist. Auf solche Weise sind wir befangen und bewegen wir uns unter einer Menge von Strukturen. Man vergegenwärtige sich, wie verschiedenartig der Raum um uns besetzt, das heißt geformt, erfaßbar ist, und versuche daraufhin, sich vorzustellen, welche Bedingungen erfüllt sein müssen, damit die verschiedenen Dinge – ein Stoff,

> Hier wären wohl ein paar Worte über den Raum angebracht, ein Wort, das je nachdem, ob es sich um den *gesehenen* oder um den gedachten Raum handelt, eine andere Bedeutung annimmt. Der Raum, mit dem wir gewöhnlich umgehen, gleicht nicht in

ein Mineral, eine Flüssigkeit, ein Gas – mit ihren besonderen Eigenschaften wahrgenommen werden können; eine eindeutige Vorstellung von ihnen wird man nur gewinnen, wenn man ein Teilchen dieser Stoffgewebe vergrößert und es mit einem Baugedanken ausstattet, so daß es aufgrund bloßer Vervielfältigung eine Struktur ergibt, die im Besitz der gleichen Eigenschaften ist wie das eine, das wir beobachtet haben ... Mit Hilfe dieser Strukturbegriffe können wir ohne Unterbrechung der Kontinuität die anscheinend so unterschiedlichen Bereiche des Künstlers wie des Gelehrten frei durchwandern, von der dichterischsten, ja der phantastischsten Konstruktion bis hin zu der tastbaren und wägbaren. Die Probleme der Komposition stehen mit denen der Analyse im Wechsel; und es ist eine *psychologische* Errungenschaft unserer Zeit, daß wir hinsichtlich der Entstehung der Materie von allzu einfachen Vorstellungen ebenso abgekommen sind wie hinsichtlich der Bildung von Ideen. Die luftigen Träume von der Substanz verschwinden genauso wie die dogmatischen Erklärungen, und die wissenschaftliche Bildung von Hypothesen, von Namen und Modellen macht sich frei von vorgefaßten theoretischen Meinungen und vom Idol der Einfachheit.

Ich habe hier in Kürze, die mir der Leser je nachdem danken oder zugute halten wird, eine Entwicklung angedeutet, die mir schwerwiegend erscheint. Ich wüßte sie nicht besser zu belegen als mit einem Satz, den ich den Schriften eben Leonardos entnehme, einem Satz, aus dem, wie man

jeder Hinsicht dem Raum des Physikers, der seinerseits nicht ganz der Raum der Geometrie ist. Denn es sind nicht *insgesamt* dieselben Erlebnisse oder Verfahren, die ihn definieren. Es ergibt sich daraus, daß die grundlegenden Eigenschaften der *Ähnlichkeit* nicht im gleichen Maße gültig sind. Es gibt kein *unendlich Kleines* in der Chemie; und an der unendlichen Teilbarkeit der *Länge* hegt die Physik heute berechtigte Zweifel. Das bedeutet aber, daß die Idee der Teilung und die Idee der teilbaren Sache nicht mehr voneinander unabhängig sind. Der Vorgang ist über einen bestimmten Punkt hinaus nicht mehr vorstellbar.

glauben möchte, durch immer zunehmende Verfeinerung und Läuterung jedes Begriffs eine Grundanschauung der modernen Welterkenntnis geworden ist. »Die Luft«, sagt er, »ist erfüllt von unendlich vielen geraden und ausstrahlenden Linien, die einander kreuzen und so miteinander verwoben sind, daß keine sich je der Bahn einer anderen bedient, und sie stellen für jeden Gegenstand die echte FORM ihres Grundes (ihrer Erklärung) dar.« – »L'aria è piena d'infinite linie rette e radiose insieme intersegate e intessute sanza ochupatione luna dellaltra rapresantano aqualunche obieto lauera forma della lor chagione« (Man. A, fol. 2). Dieser Satz scheint den frühesten Keim der Lichtwellentheorie zu enthalten, vor allem wenn man ihn mit einigen anderen über denselben Gegenstand vergleicht.* Er vermittelt uns in anschaulicher Form das Gerüst eines Wellensystems, bei dem alle diese Linien Richtungen der Fortpflanzung sind. Doch halte ich nicht viel von dergleichen wissenschaftlichen Prophezeiungen; es gibt zu viele Leute, die der Meinung sind, die Alten hätten bereits alles erfunden. Überdies bewährt sich eine Theorie erst in der logischen und experimentellen Entfaltung. Was hier vorliegt, sind nur ein paar *Behauptungen*, die intuitiv aus der Beobachtung der Strahlen, der Wellen im Wasser und der Klangwellen gewonnen sind.[21]

---

* Siehe Manuskript A: »Wie der ins Wasser geworfene Stein...« usw. Siehe auch die merkwürdige und lebendige *Histoire des Sciences mathématiques* von G. Libri und den *Essai sur les ouvrages mathématiques de Léonard* von J.-B. Venturi, Paris, An V (1797).

Interessant ist an dem zitierten Satz die Form, welche uns authentischen Aufschluß über eine Methode gibt, eben die Methode, von der ich im gesamten Verlauf dieser Studie gesprochen habe. Die Erklärung hat hier *noch* nicht den Charakter einer wissenschaftlichen Maßnahme. Sie besteht lediglich im Herausstellen eines Bildes, eines konkreten geistigen Bezugs zwischen Erscheinungen oder – genauer gesagt – Bilderscheinungen. Leonardo muß sich über diese Art, psychisch zu experimentieren, im klaren gewesen sein, doch will es mir so scheinen, als hätte in den drei Jahrhunderten, die seit seinem Tode verflossen sind, kein Mensch diese Methode erkannt, indessen alle sich – notgedrungen – ihrer bedienten. Ich glaube auch – vielleicht ist das sehr weit gegangen! –, daß die berühmte jahrhundertealte Frage nach dem Vollen und dem Leeren an das bewußte oder nichtbewußte Vorhandensein dieser *Phantasielogik* angeknüpft werden kann. Ein Tun auf Entfernung ist etwas Unvorstellbares. Seine Bestimmung erfolgt durch eine Abstraktion. In unserem Geist kann nur die Abstraktion *facere saltus*. Newton selber, der die Wirkungen in die Ferne in analytische Form gebracht hat, war sich über die Unzulänglichkeit ihrer Erklärung im klaren. Erst Faraday war in der physikalischen Wissenschaft die Wiederentdeckung der Methode Leonardos vorbehalten. Nach den rühmlichen Arbeiten auf mathematischem Gebiet von Lagrange, d'Alembert, Laplace, Ampère und vielen anderen führte er Begriffe von wunderbarer Kühnheit ein, die buchstäb-

Wie bereits oben gesagt, ist die Erscheinung *geistiger Bildvorstellungen* noch sehr wenig erforscht. Ich bleibe bei meinem Gefühl ihrer Bedeutung. Ich behaupte, daß gewisse mit diesen Erscheinungen verbundene Gesetze grundlegend sind und sehr weite Geltung haben; daß die Abwandlungen derartiger Bilder, die Einschränkungen derartiger Bildabwandlungen, das spontane Auftreten von *Antwort- oder Komplementärbildern Welten* miteinander zu verknüpfen erlauben, die so weit voneinander abliegen wie der Traum, der mystische Zustand, die Deduktion auf dem Wege der Analogie.

lich nichts anderes waren als die Verlängerung der beobachteten Phänomene in seiner Phantasie; und seine Phantasie war so außerordentlich klarblickend, »daß seine Ideen sich in regelrechter mathematischer Form ausdrücken und derjenigen der Fachmathematik an die Seite stellen ließen«.* Die *regelmäßigen Kombinationen*, wie sie der Staub von Eisenfeilspänen um die Pole eines Magneten bildet, waren in seiner geistigen Vorstellung die Übertragungsmodelle der ehemaligen Wirkungen in die Ferne. Auch er *sah* Liniensysteme alle Körper miteinander verbinden und den Raum erfüllen, zur *Erklärung* der Phänomene der Elektrizität, ja selbst der Schwerkraft; diese Kraftlinien haben in unserem Zusammenhang die Bedeutung von Linien des geringsten Widerstandes für das Verstehen! Faraday war kein Mathematiker, doch unterschied er sich von den Mathematikern lediglich durch die Art, wie er seine Gedanken ausdrückte: durch das Fehlen analytischer Symbole. »Faraday sah mit geistigen Augen Kraftlinien den gesamten Raum durchziehen, wo die Mathematiker Kraftzentren sahen, die sich gegenseitig auf Entfernung anziehen; Faraday sah ein Milieu, wo sie nur Abstand sahen.«** Für die Physik hebt mit Faraday eine neue Epoche an; und nachdem J. Clerk Maxwell die Ideen seines Lehrers in die Sprache der Mathematik übersetzt hatte, gewannen in der wissenschaftlichen Anschauung derartige Vorstellungen die

> Heute – *allumfassende* Linien, aber sie sind nicht mehr zu *sehen*. Kann man sie hören? Denn nur jene *Bahnen*, unter denen wir uns die Melodien vorstellen, vermitteln uns die Idee oder die intuitive Anschauung einer *raumzeitlichen* Bahn. Ein anhaltender Ton stellt einen Punkt dar.

* Clerk Maxwell, Vorwort zum *Traité d'électricité et de magnétisme*.
** Clerk Maxwell.

Oberhand. Das Studium des Milieus, das er ausgebildet hatte, des Milieus als Ort elektrischer Vorgänge und intermolekularer Relationen, ist bis heute das Hauptanliegen der modernen Physik. Die stetig zunehmende Genauigkeit, die bei der Darstellung von Energieweisen gefordert wird, der Wille zu *sehen* und die – man möchte sagen – Versessenheit auf Kinetisches haben hypothetische Konstruktionen auf den Plan gerufen, die logisch und psychologisch von ungemeinem Interesse sind. Lord Kelvin beispielsweise empfindet so stark das Bedürfnis, die subtilsten Naturvorgänge in einen geistigen Zusammenhang zu bringen, der sich bis ins Stoffliche hinein realisieren soll, daß für ihn jede Erklärung auf ein mechanisches Modell abzielen zu müssen scheint. Ein solcher Geist setzt an die Stelle des trägen, punktförmigen und überlebten Atoms von Boskowitsch und der Physiker zu Beginn unseres Jahrhunderts einen bereits außerordentlich komplexen Mechanismus; er entnimmt ihn dem Aufbau des Äthers, der ebenfalls zu einer recht perfektionierten Konstruktion wird, damit er den sehr unterschiedlichen Bedingungen, die er zu erfüllen hat, genügen kann. Einen solchen Geist kostet es keine Mühe mehr, vom Aufbau der Kristalle zu dem von Stein oder Eisen überzugehen; er findet in unseren Viadukten, in den Symmetrien von Stützbalken und Verstrebungen die Widerstandsstrukturen wieder, die Gipse und Quarze dem Druck, der Aufspaltung und – auf andere Weise – dem wellenförmigen Lichtstrahl entgegensetzen.

> Heute handelt es sich nicht mehr um einen Mechanismus. Es ist *eine andere Welt*.

Solche Menschen scheinen Einblick in die Methoden gehabt zu haben, die hier aufgezeigt wurden; wir möchten diese Methoden sogar über den Bereich der Physik ausdehnen; wir halten es weder für unsinnig noch für ganz und gar unmöglich, wenn man versuchen wollte, die Kontinuität der geistigen Operationen eines Leonardo da Vinci in Form eines Modells darzustellen, und zwar gilt dasselbe für jede andere Persönlichkeit, die sich hinsichtlich der zu erfüllenden Bedingungen von der Analyse bestimmen läßt ...

Die Künstler oder Kunstliebhaber, die meine Schrift in der Hoffnung durchblättert haben, darin die Spur von ein paar Eindrücken wiederzufinden, wie man sie im Louvre, in Florenz oder Mailand empfängt, mögen mir die Enttäuschung, die ich ihnen bereitet habe, vergeben. Trotzdem bin ich der Meinung, daß ich mich, dem Anschein zuwider, von ihrer Lieblingsbeschäftigung nicht gar zu weit entfernt habe. Ich glaube im Gegenteil, daß ich an ihr Hauptproblem, die Komposition, gerührt habe. Sicher werde ich etliche unter ihnen überraschen, wenn ich sage, daß die schwierigen Probleme, wie sie die Wirkung aufgibt, im allgemeinen mit außerordentlich dunklen und Verwirrung stiftenden Begriffen und Worten in Angriff genommen und gelöst werden, wobei man noch in tausend Ungelegenheiten gerät. Manch einer bringt seine Zeit damit hin, seine Definition des *Schönen*, des *Lebens*, des *Geheimnisvollen* immer wieder umzumodeln. Zehn Minuten einfacher

Selbstbeobachtung dürften hinreichen, diesen *idola specus* den Garaus zu machen und die Unhaltbarkeit der Verkoppelung eines abstrakten, stets leeren Namens mit einer stets persönlichen, und zwar im strengsten Sinne persönlichen Schau einzusehen. Im gleichen Sinne beruht die Verzweiflung der Künstler in der Mehrzahl der Fälle auf der Schwierigkeit oder Unmöglichkeit, mit den Mitteln ihrer jeweiligen Kunst ein Bild *wiederzugeben*, das – so kommt es ihnen vor – abblaßt und dahinwelkt, wenn man es in einen Satz einfängt, es auf eine Leinwand oder in eine Sinnbedeutung bringt. Ein paar weitere Minuten *bewußten Nachdenkens* sollten der Feststellung gewidmet sein, daß es ein Wahn ist, im Geist eines anderen die Phantasiegebilde des eigenen hervorbringen zu wollen. Dieses Vorhaben ist sogar beinahe ungereimt. Was man *Realisierung, Durchführung* nennt, ist ausgesprochen ein Problem der Leistung, das von dem besonderen Sinn, dem Schlüssel, den jeder Autor seinem Material zuschreibt, unberührt bleibt und bei dem lediglich die Beschaffenheit des jeweiligen Materials und der Geist der Öffentlichkeit eine Rolle spielen. Edgar Poe, der in diesem verstörten Jahrhundert der Literatur ein aus seiner Verwirrung geborener Blitz und der Wetterstrahl des poetischen Gewitters war und dessen Analyse sich wie Leonardos Analyse nicht selten in ein mysteriöses Lächeln hüllt – Edgar Poe hat den Angriff auf den Leser eindeutig auf die Psychologie und die Wahrscheinlichkeit der Wirkung gegründet. Unter diesem Gesichtspunkt be-

Nichts leuchtet dem allgemeinen Verständnis, aber auch der Kritik, so wenig ein wie die Unzuständigkeit des Autors dem einmal geschaffenen Werk gegenüber.[22]

trachtet, hängt jede Verlagerung von Elementen, die dazu da sind, gesehen und beurteilt zu werden, von ein paar allgemeinen Gesetzen und einer speziellen Form der Aneignung ab, die vorausschauend für eine Kategorie von Geistern, an die sie sich insbesondere wendet, im voraus definiert ist. Das Kunstwerk wird so zu einer Maschine, dazu bestimmt, die individuellen Formtalente dieser Geister anzuregen und zu kombinieren.[23] Ich ahne die Entrüstung, die eine derartige Zumutung, die von landläufiger Erhabenheit so weit abliegt, entfesseln mag; aber gerade die Entrüstung wird für meine Behauptung einen trefflichen Beweis liefern, ohne daß es sich bei dieser Schrift im geringsten um ein Kunstwerk handelt.

Ich sehe, wie Leonardo da Vinci jene Mechanik, die er das Paradies der Wissenschaften nannte, mit derselben angeborenen Kraft ergründet, die er an die Erfindung reiner und verschwebender Gesichter wandte. Und dieselbe lichte Erstreckung mit ihren fügsamen, in der Möglichkeit beheimateten Wesen war auch der Schauplatz jener Taten, die sich mit verzögertem Tempo in eindeutigen Werken niederschlugen. Für ihn gab es hier keine unterschiedlichen Leidenschaften; auf der letzten Seite des schmalen Heftes, das vollgepfropft ist mit seinen geheimschriftlichen Eintragungen und jenen tollkühnen Berechnungen, mit denen er seiner Lieblingsforschung, dem Flug, nachtastete, ruft er aus – und zerschmettert damit seine unzulängliche Mühsal, wäh-

Eine erstaunliche Prophezeiung, die wenig zu besagen hätte, wäre

rend seine Beharrlichkeit samt allen Widrigkeiten die Erscheinung einer erhabenen geistigen Schau, einer hartnäckigen Gewißheit erleuchtet –: »Der große Vogel wird seinen ersten Flug auf dem Rücken eines großen Schwans antreten und wird mit Erstaunen und Ruhm alle Schriftwerke füllen, zu ewigem Lob dem Nest, das ihn gebar.« – »Piglierà il primo volo il grande uccello sopra del dosso del suo magnio cecero e empiendo l'universo di stupore, empiendo di sua fama tutte le scritture e grogria eterna al nido dove nacque.«[24] sie nichts weiter als ein Ausblick auf Mögliches, die jedoch ihre ganze Erhabenheit dem Umstand verdankt, daß sie von dem ersten Menschen ausgesprochen wurde, der sich zu Beginn des 16. Jahrhunderts allen Ernstes mit dem Problem des Fliegens befaßt und seine technische Lösung begriffen hat.

ANMERKUNG UND ABSCHWEIFUNG

1919

> Weshalb, sagt man, hat der Verfasser seinen Helden nach Ungarn geschickt?
> Weil er ein Stück Instrumentalmusik zu Gehör bringen wollte, dessen Thema ungarisch ist. Er gibt es offen zu. Er hätte ihn an jeden anderen Ort der Welt geschickt, wenn es dafür den geringsten musikalischen Grund gegeben hätte.
>
> Hector Berlioz
> (*Vorwort zu* Fausts Verdammung)[25]

Die Bezeichnung Methode *war in der Tat ziemlich stark. Unter Methode versteht man eine wohldefinierte Ordnung gedanklichen Vorgehens, während ich nur an die sonderbare Gewohnheit dachte, alle Gedanken, die in meinem Geist auftauchen, umzuformen.*

Ich muß mich wegen eines so anspruchsvollen und wahrhaft irreführenden Titels, wie es der vorliegende ist, entschuldigen. Als ich ihn über dieses kleine Werk setzte, lag es mir fern, mich zu brüsten. Doch sind, seitdem ich ihn darübergesetzt habe, fünfundzwanzig Jahre vergangen, und nach dieser langen Zeit der Abkühlung finde ich ihn selber ein bißchen stark. Der waghalsige Titel müßte abgedämpft werden. Was den Text angeht – nicht im Traum würde ich mir einfallen lassen, ihn niederzuschreiben. *Unmöglich!* würde heute die Vernunft sagen. Wenn man die Schachpartie, die zwischen der Erkenntnis und dem Sein im Gange ist, zum x-ten Male durchgespielt hat, schmeichelt man sich mit dem Gedanken, daß man von seinem Gegner gelernt hat; man nimmt seine Miene an; man verfährt hart mit dem jungen Menschen, den man als seinen Ahnen notgedrungen gelten lassen muß; man entdeckt an ihm unerklärliche Schwächen, die gerade seine Kühnheit ausmachten; man versetzt sich aufs neue in seine Arglosigkeit. Das heißt sich dümmer stellen, als man je gewesen ist. Aber dumm aus Notwendigkeit, dumm aus Staatsräson! Keine Versuchung ist so brennend, so höchst persönlich und unter Umständen so fruchtbar wie die, sich selber zu verleugnen; jeder Tag ist eifersüchtig auf andere Tage und muß es sein; das Denken wehrt sich verzweifelt dagegen, daß es je stärker gewesen sein soll; die Helligkeit des gegenwärtigen Augenblicks will nicht im Früheren Augenblicke erleuchten, die heller sind als das Heute, und die ersten Worte, die der anrührende Sonnenstrahl das erwachende Hirn stammeln läßt, lauten bei diesem Memnon: *Nihil reputare actum . . .*[26]

> Der *folgende Tag* findet den Vortag schwächer oder stärker als sich selber; und beide Empfindungen kränken ihn.

Es heißt also wiederlesen, wiederlesen, nachdem man vergessen hat – *sich selber wiederlesen*, ohne eine Spur von Zärtlichkeit, ohne Vaterschaftsgefühl; mit Kälte und kritischem Scharfblick, mit einer Spannung, die im Hervorbringen von Beschämung und Selbstverachtung entsetzlich fruchtbar ist, mit unbeteiligter Miene, vernichtendem Blick – und dieses Wiederlesen heißt Wiedermachen oder vorausfühlen, wie man heute seine Arbeit so ganz anders machen würde.

Das Thema wäre der Mühe wert. Doch geht es nach wie vor über meine Kräfte. Auch hatte ich nie im Traum daran gedacht, mich darauf einzulassen; dieser kleine Essay verdankt seine Entstehung Madame Juliette Adam, die gegen Ende

> Das war meine erste »Auftragsarbeit«.

des Jahres 94 aufgrund des liebenswürdigen Hinweises von Léon Daudet mit der Bitte an mich herantrat, ihn für ihre *Nouvelle Revue* zu schreiben.

Obwohl ich dreiundzwanzig Jahre alt war, geriet ich in grenzenlose Verlegenheit. Ich wußte nur allzu gut, daß mein Wissen über Leonardo um vieles geringer war als meine Bewunderung für ihn. Ich erblickte in ihm die Hauptfigur einer »Komödie des Geistes«, die bis heute ihren Dichter noch nicht gefunden hat und die meiner Geschmacksrichtung nach um vieles kostbarer wäre als die *Menschliche Komödie*, ja sogar als die *Göttliche Komödie*. Ich meinte zu fühlen, daß dieser Beherrscher seiner Mittel, dieser Meister im Zeichnen, in der Malerei und im Rechnen jene zentrale Haltung gefunden hatte, welche die Leistungen der Erkenntnis wie die Taten der Kunst gleichermaßen ermöglicht; die glücklichen Wechselwirkungen zwischen der Analyse und dem Schaffensvorgang sind hier besonders wahrscheinlich: ein wunderbar anstachelnder Gedanke.

Ich unterscheide *stets* zwischen diesen beiden Anwendungen des Wortes. Ginge ich nur meiner Neigung nach, so würde ich entweder dem Suchen oder dem Behalten zuliebe schreiben. Das nichtgeschriebene Wort *findet*, bevor es sich auf die Suche begibt.

Aber ein zu unmittelbarer Gedanke, ohne Gültigkeit, ein Gedanke, der uferlos ins Weite geht, und ein Gedanke gut zum Sprechen, aber nicht zum Schreiben.

Dieser Apollo riß mein eigenes Selbst zu höchstem Entzücken hin. Was kann es Verführerisches geben als einen Gott, der das Mysterium von sich weist, der seine Macht nicht auf die Verwirrung unserer Sinne gründet; der sich mit dem, was ihn auszeichnet, nicht an den dunkelsten, den fühlsamsten, den verhangensten Teil un-

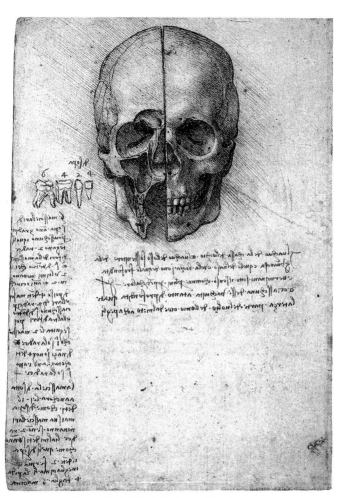

Leonardo da Vinci, Sezierter Schädel, 1489

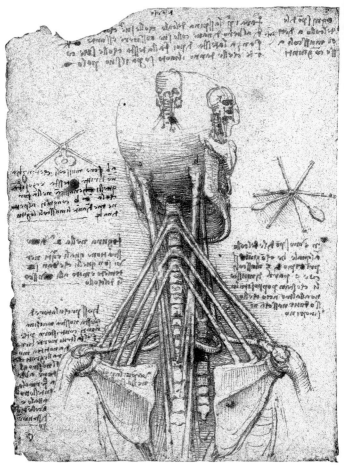

Leonardo da Vinci, Die Anatomie des Nackens, ca. 1515

ser selbst wendet; der uns zwingt, zu bestätigen und nicht einfach hinzunehmen; und dessen Wunder in der Selbsterhellung besteht; ist, was wir tief nennen, perspektivisch richtig abgeleitet? Gibt es ein besseres Zeichen für eine eigenständige und rechtmäßige Macht als die Ausübung ohne verhüllenden Schleier? – Nie erstand Dionysos ein ähnlich besonnener, ähnlich lauterer und mit Licht gewappneter Gegner wie dieser Held, dem es nicht so sehr darum ging, die Ungeheuer niederzuwerfen und zu zerschmettern, als das, was sie in Bewegung setzte, beobachtend zu erwägen; der es verschmähte, sie mit Pfeilen zu durchbohren, sie aber mit seinen Fragen spickte; dessen Überlegenheit – mehr noch, als wenn er sie besiegt hätte – uns bedeuten will, daß der höchste Triumph darin liegt, sie zu verstehen – und zwar fast bis zu dem Punkt einer Wiedererschaffung; und der, wenn er erst ihr Prinzip erfaßt hat, sich ruhig von ihnen abwenden kann, da sie damit abgetan als Spottgeburten auf die niedere Stufe sehr besonders gearteter Fälle und erklärbarer Paradoxe absinken.

Ich war von seinen Zeichnungen, seinen Handschriften wie geblendet, wie flüchtig ich sie auch studiert hatte. Diese Tausende von Bemerkungen und Skizzen hinterließen bei mir den überwältigenden Eindruck von einem berückenden Funkenkosmos, den einer mit Schlägen verschiedenster Art von einem phantastischen Bau abgesprengt hatte. Maximen, Lebensregeln, Selbstempfehlungen, Versuche eines Nachdenkens, das immer von neuem an-

setzt; manchmal eine vollendete Beschreibung; manchmal wendet er sich an sich selber und spricht sich mit Du an ...
Aber ich hatte nicht die mindeste Lust zu wiederholen, daß er dies und jenes gewesen sei; sowohl Maler als auch Mathematiker, als auch ...
Und, in einem Wort, der künstlerische Weltschöpfer. Wer wüßte es nicht?

<small>Tatsächlich hatte ich kein Interesse an jener Fülle von Einzelheiten, denen der Gelehrte in den Bibliotheken nachspürt.
Was liegt schon an dem, sagte ich zu mir, was nur einmal vorkommt?
Für mich ist die Geschichte ein Reiz-, kein Nahrungsmittel. Was sie in Erfahrung bringt, wandelt sich nicht in Handlungstypen, in Funktionen und Vorgänge unseres Geistes. Wenn der Geist wirklich wach ist, braucht er nur die Gegenwart und sich selber.
Ich suche nicht nach der verlorenen Zeit; eher würde ich sie von mir weisen. Mein Geist fühlt sich nur in Tätigkeit wohl.</small>

Ich war nicht beschlagen genug, um mir einfallen zu lassen, seine Forschungen im einzelnen zu entwickeln (etwa eine genaue Bestimmung jenes *Impeto* zu versuchen, der als Begriff in seiner Mechanik so häufig vorkommt; oder jenes *Sfumato* zu erörtern, das er in seiner Malerei angestrebt hat); auch fühlte ich mich nicht hinreichend gelehrt (und noch weniger bestrebt, es zu sein), um – wenn auch in noch so geringem Maße – an einen bloßen Beitrag zu schon bekannten Tatsachen denken zu können. Ich empfand für die Gelehrsamkeit nicht jenen brennenden Eifer, den wir ihr schulden. Das erstaunliche Gesprächstalent von Marcel Schwob gewann mich für den Zauber seines Wesens mehr als für seine Quellen. Solange es sprudelte, trank ich mich satt. Ich hatte die Lust ohne die Mühe. Doch endlich wachte ich auf; meine Trägheit sträubte sich wider den Gedanken an tötendes Lesen, an endlose Textvergleiche mit dem Manuskript, an skrupulöse Methoden, die vor Gewißheit bewahren. Ich sagte zu meinem Freund, daß gelehrte Leute ein viel höheres Risiko eingehen als die anderen, weil sie Wetten abschließen, während wir aus dem Spiel bleiben; und daß sie sich auf zweifache Art irren können: auf unsere Art, die keine Mühe kostet, und auf ihre, die mühsam erarbeitet ist. Daß, sofern sie das Glück haben, uns ein paar Ereignisse wiederzuschenken, gerade die Zahl reinstofflicher Wahrheiten die Wirklichkeit, auf die wir aus sind, in Gefahr bringt. Das Wahre im Rohzustand ist falscher als das Falsche. Die Zeugnisse der Zeit unterrichten uns aufs Geratewohl über die Regel wie über die Ausnahme. Ein Chronist verzeichnet sogar mit Vorliebe die Besonderheiten seiner Zeit. Doch was auch alles in einer Zeit oder von einer Person wahr sein mag, es hilft doch nicht immer dazu, sie besser kennenzulernen. Keiner ist mit der exakten Totalsumme seines äußeren Auftretens identisch; und wer von uns hat nicht schon etwas gesagt oder getan, was nicht *sein eigen* war? Was augenblicksweise eben dieses Selbst verändert, ist bald Nachahmung, bald ein Versehen – oder die bloße Gelegenheit – oder lediglich angestauter Verdruß, ausgerechnet der zu sein, der man ist. Man macht von uns bei einem Diner eine Skizze; dieses Blatt kommt auf die Nachwelt, die von lauter Gelehrten behaust ist, und so stehen wir nun da für alle Ewigkeit der Literatur. Ein fratzenschneidendes Gesicht, photographisch aufgenommen, ist ein unwiderlegliches Beweisstück. Man zeige es aber den Freunden des Schnappschußopfers: sie erkennen niemanden darin.

Was an einem Individuum das eigentlich Wahre und sein eigentliches Selbst ist, beruht in seiner *Möglichkeit* – die seine Geschichte immer nur ungenau freilegt. Was in ihm steckt und wovon es selbst nicht weiß, kann von dem, was ihm widerfährt, unter Umständen unangeregt bleiben. Ein Erz, das nie angeschlagen wird, gibt nicht den Grundton von sich, in dem sein Wesen laut würde. Deshalb ging mein Versuch eher dahin, nicht den Leonardo der Geschichte, sondern auf meine Art die *Möglichkeit eines Leonardo* zu fassen und darzustellen.

Ich hatte für meine Abneigungen eine ganze Reihe anderer Sophismen zur Hand, so einfallsreich ist der Abscheu vor langwieriger Mühe. Immerhin hätte ich die Plage vielleicht in Kauf genommen, hätte ich nur das Gefühl gehabt, mit ihr an mein geliebtes Ziel zu kommen. Ich liebte in meiner Dumpfheit das innere Gesetz dieses großen Leonardo. Mich verlangte nicht nach seiner Geschichte, nicht einmal ausschließlich nach der Frucht seines Denkens... An dieser von Kränzen überhäuften Stirn reizte meinen Traum nur der *Kern* seines Ruhms...

Was soll man anfangen bei so viel Sprödheit, wenn man nur voller Verlangen ist, ob auch ganz betrunken von Gelüsten und geistigem Hochmut?
Sich in etwas hineinsteigern? Sich ein literarisches Fieber zulegen? Seinen Wahn hegen und pflegen?
Ich brannte auf ein schönes Thema. Wie wenig will das vor dem leeren Blatt besagen.
Zweifellos schlägt ein großer Durst sich einen Strom lichter Visionen frei; er wirkt auf irgendwelche geheimen Substanzen ein wie das unsichtbare Licht auf böhmisches Glas, das ganz mit Uran gesättigt ist; er macht hell, worauf er harrt, er überzieht Krüge mit Diamanten, er zaubert in Karaffen den opalisierenden Glanz hervor...
Indessen: diese Getränke, die er sich zubereitet, steigen zu Kopf; ich dagegen fand es unwürdig – und empfinde heute noch so –, allein aus Begeisterung zu schreiben. Die Begeisterung ist kein geeigneter Seelenzustand für einen Schriftsteller.
Wie groß auch die Macht des Feuers sein

Dieser Aphorismus hat bei einigen Anstoß erregt. Sie empfanden

mag, sie wird doch erst zu Nutzen und Antriebskraft, wenn die Kunst sie in ihre Geräte einfängt; richtig angebrachte Hemmungen müssen ihrer totalen Vergeudung entgegenwirken, und eine sinnreich bewerkstelligte Verzögerung, welche die unaufhaltsame Wiederherstellung des Gleichgewichts bremst, erlaubt es erst, dem unfruchtbar verlodernden Hitzestrom etwas abzugewinnen.

Was die Aussage betrifft, so empfindet sich der Autor, wenn er über sie nachdenkt, zugleich als ihre *Quelle*, ihren *Ingenieur* und als *Zwänge*: ein Teil seiner selbst ist Antrieb; der andere sieht voraus, setzt zusammen, mäßigt, unterdrückt; ein dritter – Logik und Gedächtnis – beharrt auf dem Gegebenen, sorgt für den Zusammenhang, sichert der *gewollten* Anordnung eine gewisse Dauer... Da beim Schreiben diese Sprachmaschine, bei der durch Auslösung des angereizten Geistes zur Überwindung *realer* Schwierigkeiten Kraft erzeugt wird, so fest und so genau wie möglich konstruiert sein muß, verlangt es vom Autor eine widerstreitende Selbstaufspaltung. Nur hier ist der Mensch im strengen Sinne und voll und ganz *Autor*. Alles andere stammt nicht von *ihm*, sondern von einem zufälligen Teil seiner selbst. Zwischen die ursprüngliche Gemütsbewegung oder Absicht und jene Endeffekte wie Vergessen, Verworrenheit, Verschwommenheit – in die das Denken unausweichlich mündet – muß er die von ihm geschaffenen Widerstände einschalten, um so der im bloßen Vorübergleiten bestehenden Natur innerer Er-

ihn auf sich gemünzt und faßten ihn nicht im Sinne einer schlichten Feststellung auf. Nach unausrottbarer trüber Denkgewohnheit sollen die Gemütsbewegungen des Lesers *direkt* von denen des Autors abhängen oder ihnen entspringen, wie wenn *das Werk nicht da wäre*.
Man sagt: wenn ich Tränen vergießen soll, mußt du weinen.
Wenn du mich zum Weinen oder zum Lachen bringst, so geschieht es durch das literarische Produkt deiner Tränen.
Pascal, Stendhal *streichen durch*.
Die Verzweiflung, die Leidenschaft suchen *blindlings* nach dem stärksten Wort. Der Inspirierte gibt sich Rechenschaft.
Anders geht es nicht, denn sonst wären diese großen Autoren keine SCHRIFTSTELLER.
Übrigens nimmt das Bewußtsein zu, je größer der Widerstand ist.

scheinungen durch sein Dazwischentreten ein wenig nachvollziehbare Wirkungskraft und selbständiges Dasein abzuringen ...

Vielleicht übertrieb ich in jener Zeit das offenkundige Gebrechen aller Literatur, nie den Geist im ganzen zu befriedigen. Mir war zuwider, bestimmte geistige Funktionen gegenüber anderen brachliegen zu lassen. Ich könnte auch sagen (und würde damit dasselbe sagen), daß ich das *Bewußtsein* über alles stellte; so manches Meisterwerk, das mir unüberlegt vorkam, hätte ich für eine sichtbar beherrschte Seite[27] hingegeben!

Diese Verirrungen, die sich leicht verteidigen ließen und die ich auch heute noch nicht für so unfruchtbar halte, daß ich nicht gelegentlich auf sie zurückkomme, vergifteten meine tastenden Versuche. Alle meine Leitideen standen mir so nahe und überscharf vor Augen und waren zudem so allumfassend, daß ich sie auf keinen Einzelumstand anwenden konnte. Wie viele Jahre müssen vergehen, ehe die Wahrheiten, die man sich geschaffen hat, zu eigenem Fleisch und Blut werden!

So fand ich in mir nicht jene Voraussetzungen, jene Hindernisse vor, die wie Kräfte von außen wirken und es ermöglichen, daß man seiner ersten Regung zuwider dennoch vorankommt, sondern ich stieß mich an unhandlichen selbstbereiteten Hemmungen; und ich machte mir aus Vergnügen die Dinge schwerer, als sie so jungen Augen hätten erscheinen sollen. Und auf der anderen Seite erblickte ich nichts als Schwäche, Nachgiebigkeit und

Es gibt Autoren, und zwar keineswegs unberühmte, deren Werke nichts weiter sind als Ausschaltungen dessen, was sie bewegt. Sie mögen diejenigen, von denen sie stammen, zwar angehen, aber höherbilden können sie sie nicht. Sie lernen durch sie nicht etwas machen, wovon sie noch nicht wußten, etwas sein, was sie noch nicht waren.

abstoßende Fertigkeit: eine unwillkürliche Überfülle, leer wie die Traumfülle, ein endloses Hin und Her und Durcheinander abgenützter Dinge.

Wenn ich auf einem Blatt Papier die Würfel ausspielte, brachte ich es nur zu jenen Wörtern, die von der Ohnmacht des Geistes zeugen: *Genie, Geheimnis, tief*... Attribute, die auf das Nichts zutreffen, die weniger über ihren Gegenstand belehren als über die Person, die sie im Munde führt. Ich mochte mich noch so ködern – in dieser Politik des Geistes[28] brachte ich es nicht weit: auf meine keimenden Vorsätze fand ich nur die Erwiderung, daß die Summe dessen, was ich eintauschte, in jedem Augenblick gleich Null war.

Um das Unglück vollzumachen, hegte ich für die Genauigkeit eine unklare, aber leidenschaftliche Vorliebe; ich legte es in noch unbestimmter Weise auf die Lenkung meiner Gedanken an.

Gewiß hatte ich ein Gefühl dafür, daß unser Geist notwendig, ja notgedrungen auch auf seine Zufallsergebnisse rechnet; er ist geschaffen für das Unvorhergesehene und gibt es aus, wie er es empfängt; seine ausgesprochenen Erwartungen zeitigen keine unmittelbare Wirkung, seine willensmäßigen oder regelmäßigen Schritte erweisen sich erst *nachträglich* als nützlich, wie wenn er dem Klarsten, das er in sich birgt, ein Nachleben verschaffte. Jedoch an die eigentliche Kraft des Wahns, an die Notwendigkeit, nichts zu wissen, vermochte ich nicht zu glauben, auch nicht an die Blitze des Absurden, die schöpferische Zusammenhangslosigkeit. Was wir dem

Der Wille kann im *Geist*, auf den *Geist* nur mittelbar wirken – auf dem Umweg über den *Körper*. Er kann *wiederholen, um zu erlangen* – aber sonst so gut wie nichts.

> Unser Denken kann nie vielseitig und nie einfach genug sein. Denn das Wirkliche, zu dem es vordringen will, kann nur von *unendlicher* Komplexität sein – unausschöpfbar; und andererseits kann man es nur ergreifen und sich das Ergriffene zunutze machen, wenn das Denken ihm eine *einfache* Figur mitgibt.

Zufall verdanken, schlägt immer ein bißchen nach seinem Vater! – Unsere Offenbarungen, dachte ich, sind nur Vorgänge einer gewissen Ordnung, und diese *Erkenntnisvorgänge* müssen außerdem interpretiert werden. Sie müssen es ausnahmslos. Auch unsere glücklichsten Eingebungen sind in gewisser Weise ungenau aus *Überschuß*, gemessen an unserer sonstigen Bewußtseinshelle; und ungenau aus *Mangelhaftigkeit*, gemessen an der unendlichen Verwobenheit der geringsten Gegenstände und Fälle der wirklichen Welt, die sie uns vorgeblich darbieten. Unser persönliches Verdienst – nach dem wir trachten – besteht nicht so sehr darin, sie über uns ergehen zu lassen, als sie zu ergreifen, und nicht nur zu ergreifen, sondern zur Rede zu stellen... Und unser Gegenangriff auf unser *Genie* ist manchmal mehr wert als sein Angriff auf uns.

Wir wissen übrigens nur allzu gut, daß die Wahrscheinlichkeit diesem Dämon nicht günstig gesinnt ist; auf die eine gute Idee, die uns der Geist überläßt, setzt er uns schamlos mit einer Million Torheiten zu; und selbst dieser Zufallstreffer wird erst wertvoll durch die Bearbeitung, die ihn unserem Zweck gefügig macht. Es verhält sich damit wie mit den Mineralien, die in ihren Schichten und Adern verborgen nicht zu schätzen sind, sondern erst am Licht der Sonne und durch Bearbeitung ihrer Oberfläche Bedeutung gewinnen.

Es sind also keineswegs die intuitiven Elemente, die die Werke wertvoll machen; nehmt die Werke fort, und eure Genieblitze werden nur noch witzige Zufälle sein, die in die Statistik lokaler Gehirnvorgänge eingehen. Ihr echter Wert erwächst ihnen nicht aus der Dunkelheit ihres Ursprungs, auch nicht aus jener angeblichen Tiefe, der sie, unserem naiven Glauben zufolge, entsteigen sollten, auch nicht aus der köstlichen Überraschung, die sie uns bereiten, wohl aber aus dem Zusammentreffen mit unseren Bedürfnissen und letzthin aus der durchdachten Verwendung, die wir ihnen angedeihen lassen – das heißt aus der Mitarbeit des gesamten Menschen.

Wenn es sich aber so verhält, daß unsere größten Einsichten mit unseren größten Fehlerquellen innig verquickt sind und daß im Durchschnitt unser Denken – gewissermaßen – nichts zu bedeuten hat, so muß der Teil in uns, der auswählt, der Teil, der ins Werk setzt, unablässig in Übung gehalten werden. Auf das andere, das in keines Menschen Hand gegeben ist, zu bauen ist so nutzlos wie um Regen beten. Man tauft, vergöttert, plagt dieses andere vergebens: was dabei herauskommt, ist nur ein Zuwachs an Selbsttäuschung und Selbstbetrug – beides Dinge, die mit dem Ehrgeiz des Denkens so selbstverständlich verbunden sind, daß man sich fragen mag, ob sie sein Prinzip sind oder das, was er hervorbringt. Das Erbübel, eine Satzumstellung für eine Entdeckung, eine Metapher für einen Beweis, einen Worterguß für einen Sturzbach grundlegender Erkenntnisse zu halten und sich selber für ein Orakel, dieses Übel kommt mit uns auf die Welt.

Leonardo da Vinci hat mit diesen Verworrenheiten nichts zu tun. Unter den zahlreichen Idolen, zwischen denen uns die Wahl

Statistische Hypothese.

freisteht, da wir zumindest eines vergöttern müssen, hat er sich jene hartnäckige *Strenge* vor Augen gerückt, die sich selber das anspruchsvollste aller Idole nennt. (Doch ist es wohl von allen das am wenigsten grobe, das von den anderen einmütig gehaßt wird.)

Erst wenn die Strenge eingesetzt ist, wird eine positive Freiheit möglich, indessen die anscheinende Freiheit, da sie nur Willfährigkeit gegenüber jedem zufälligen Anstoß ist, uns, je mehr wir ihr huldigen, um so mehr im Kreise irrend an denselben Ort bannt, wie einen Korken im Meer, den nichts bindet, den alles anlockt und an dem sich widerstreitend und einander aufhebend alle Kräfte des Weltalls auswirken.

Die gesamte Leistung des großen Leonardo ist einzig und allein von seinem großen Ziel abgeleitet; sein Denken scheint nicht an eine besondere Individualität geknüpft, es erscheint umfassender, mehr ins einzelne gehend, folgerichtiger und in sich beharrender, als es das individuelle Denken zu sein pflegt. Ein Mensch, der sehr hoch steht, ist nie ein *Original*. Seine Persönlichkeit hat nicht mehr zu bedeuten, als nötig ist. Wenig Unausgeglichenheit, keinerlei geistiger Aberglaube. Keine leere Furcht. Er hat vor den Analysen keine Angst, er lenkt sie – oder vielmehr: sie leiten ihn – zu den weitesten Folgerungen; er wendet sich immer wieder ohne Anstrengung dem Wirklichen zu. Er ahmt nach, er erneuert; er verwirft das Alte nicht, weil es alt ist; auch nicht das Neue, bloß weil es neu ist; doch verläßt er sich im eigenen Inneren auf etwas, das allzeit aktuell ist.

Er kennt überhaupt nicht jenen so groben und so schlecht definierten Gegensatz zwischen dem »esprit de finesse« und dem »esprit de géometrie«, den etwa hundertundfünfzig Jahre nach ihm ein Mann aufstellen sollte, der in den Künsten mit Blindheit geschlagen war, der sich nicht vorstellen konnte, daß zwischen Schönheitssinn und geometrischer Anschauung, diesen wenn auch unterschiedlichen Vermögen, ein feiner, und zwar naturgegebener, Zusammenhang besteht; der die Malerei für ein eitles Spiel hielt, der wähnte, daß echte Beredsamkeit der Beredsamkeit spotte; der uns eine Wette anbietet, die alles, was Geschmack, und alles, was Geometrie ist, in ihren Schlund hinabzieht, und der, nachdem er seine neue Lampe gegen eine alte eingetauscht hatte, seine Zeit damit vergeudet, Zettel in seine Taschen einzunähen, zur Stunde, da es gegolten hätte, Frankreich den Ruhm der Infinitesimalrechnung zu schenken...

Für Leonardo gibt es keine Offenbarungen. Kein Abgrund klafft zu seiner Rechten. Ein Abgrund ließe ihn an eine Brücke denken. Ein Abgrund wäre geeignet, einen großen Maschinenvogel auszuprobieren...

Auch mochte er von sich selber das Musterbild eines schönen geistbegabten Lebewesens haben, das in jedem Sinne elastisch und gelöst und zu mehreren Gangarten befähigt ist; das der leisesten Absicht des Reiters folgend ohne Sträuben und ohne Stocken von einer Gangart in die andere überzuwechseln vermag; Feingefühl und Geometrieverstand werden miteinander

Diese Antithese hat eine beachtliche Karriere gemacht. Ich fürchte, in der geistigen Welt hat sie nichts Gutes bewirkt.[29]

Diese Stelle hat Anstoß erregt. Aber wohin wäre es mit der Menschheit gekommen, wenn alle, die ihm geistig ebenbürtig waren, gehandelt hätten wie er?

vermählt und wieder gesondert, im gleichen Wechsel, wie das Pferd vom einen Rhythmus in den anderen springt... Es mag diesem im höchsten Sinne koordinierten Wesen genügen, wenn es sich willensmäßig gewisse versteckte und sehr einfache Umstellungen zur Vorschrift macht: dann geht es vom Bereich der rein formalen Umwandlungen und symbolischen Akte unmittelbar zum Bereich der unvollkommenen Erkenntnis und der gegebenen Wirklichkeit über. Eigner dieser Freiheit in der Tiefe der Wandlungsfähigkeit zu sein, über ein derartiges Register von Anpassungen zu verfügen heißt allein an der Ganzheit des Menschen teilhaben, wie es nach unserer Vorstellung in der Antike der Fall war.

<small>Die Antike lebte zwar nicht im ausgesprochenen Bewußtsein, aber in der Freiheit geistiger Haltung.</small>

Angesichts einer Eleganz überlegener Art sind wir entwaffnet. Dieses Freisein von Befangenheit, Prophetenwahn und Pathetik, diese scharf ausgeprägten Ideale, dieses zwischen Kuriosa und Allgemeinkräften vermittelnde Temperament, das ein Meister im Gleichgewicht immer wieder ins Lot bringt, dieses Verschmähen von Vorgaukelei und Kunstfertigkeit, und dazu bei dem einfallsreichsten Menschen diese völlige Abwesenheit von jeglicher Schaustellung: all das bringt uns aus der Fassung. Was geht auch Menschen wie uns schwerer ein, die wir aus der »Empfindsamkeit« so etwas wie einen Beruf machen, die wir in ein paar elementaren Kontrastwirkungen, die im Nervensystem nachschwingen, alles zu halten meinen und das Ganze zu packen wähnen, wenn

wir uns die Illusion verschaffen, als lösten
wir uns in der schillernden und bewegli-
chen Substanz unseres erinnerten Lebens
auf? Leonardo dagegen, von Forschung zu
Forschung schreitend, wird in steigendem
und immer herrlicherem Maße schlecht-
weg der Zureiter seiner eigenen Natur; er
trainiert unablässig sein Denken, übt seinen Blick, wechselt je nach Absicht aufs
planvollste von der einen auf die andere
Hand über, er lockert und versammelt
sich, er strafft das Band zwischen Willens-
und Tatkräften, treibt seinen Gedankengang in die Künste vor und bewahrt ihm
die Anmut.[30]

Eine derart abgelöste Intelligenz kommt in
ihrer Bewegung zu seltsamen Haltungen,
etwa so wie eine Tänzerin uns in Erstaunen
versetzt, wenn sie eine schwebende Haltung einnimmt und eine Zeitlang darin
verharrt. Seine Unabhängigkeit verstößt
gegen unsere Lebenstriebe und setzt sich
über unsere Wunschregungen hinweg.
Nirgends ist er so frei, das heißt so wenig
menschlich, wie in seinen Urteilen über die
Liebe, über den Tod. Einige Bruchstücke
in seinen Heften lassen sie uns erraten.
»Die Liebe in ihrer Raserei« (sagt er etwa)
»ist derart abstoßend, daß die menschliche
Rasse aussterben müßte – *la natura si perde-
rebbe* –, wenn diejenigen, die ihr obliegen,
sich sehen könnten.« Diese abschätzige
Beurteilung macht sich in mehreren
Skizzen geltend, denn der Gipfel der Ver-
achtung für gewisse Dinge ist ja, sie ein-
gehend zu beobachten. Also zeichnet er
gelegentlich anatomische Paarungen, er-

Dieser im ganzen recht
kalte Blick auf den
Liebesmechanismus
steht in der Geistes-
geschichte, glaube ich,
einzig da.
Bei kaltblütiger Ana-
lyse der Liebe drängt
sich dem Geist eine
Fülle von Ideen auf.
Was für Umwege,
welch ein komplizier-
tes Zusammenspiel
von Mitteln, um die

Befruchtung zu vollziehen! Die Gefühle, die Ideale, die Schönheit als eintretende Voraussetzungen, um einen bestimmten Muskel zu reizen. Das Wesentliche der Funktion ein Akzidens; ihr Inkrafttreten befürchtet, umgangen. Nichts zeigt deutlicher, in wie hohem Grade die Natur indirekt ist.

schreckende Querschnitte durch den Liebesakt als solchen. Der erotische Mechanismus interessiert ihn schon darum, weil der animalische Mechanismus sein Lieblingsbereich ist; jedoch das schweißgebadete, keuchende Ringen der *opranti*, das ineinander verschlungene Ungetüm aus widerspenstigen Muskulaturen, die Umformung ins Tierische – all das scheint ihm nur Ekel und Abscheu einzuflößen...³¹

Sein Urteil über den Tod mag aus einem recht kurzen Text hervorgehen – einem Text jedoch von antiker Fülle und Schlichtheit, der vielleicht im Vorwort zu einem nie vollendeten Traktat über den menschlichen Leib Platz finden sollte.

Dieser Mann, der, um den Verlauf einiger Adern festzustellen, zehn Leichen seziert hat, spricht den Gedanken aus: die Bildung unseres Leibes ist ein solches Wunder, daß die Seele, obgleich *göttlicher Natur*, sich nur mit der größten schmerzlichen Pein von diesem Leib, den sie bewohnt hat, trennt. »*Und ich glaube wohl*«, sagt Leonardo, »*daß ihre Tränen und ihr Schmerz nicht grundlos sind...*«

Dringen wir in den sinnvollen Zweifel, der sich in diesen Worten birgt, nicht tiefer ein. Es genügt, den riesigen Schatten ins Auge zu fassen, den hier eine aufkeimende Idee vorauswirft: Der Tod, verstanden als ein Unheil *für die Seele*! Der Tod des Leibes, eine Beeinträchtigung dieser *göttlichen Mitgift*! Der Tod, der die Seele bis zu Tränen bewegt, und zwar in ihrem geliebtesten Werk, durch die Zerstörung eines solchen Gebäudes, das sie sich geschaffen hat, um darin zu wohnen!

Ich möchte aus diesen sparsamen Worten keine Metaphysik nach Leonardo ableiten; ich folge nur einer naheliegenden Spur, auf die ich in meinem Denken unwillkürlich stoße. Für einen solchen Liebhaber des Organismus ist der Leib nicht bloß eine verächtliche Raupe; dieser Leib ist viel zu eigenartig beschaffen, er löst zu viele Probleme, *ist im Besitz zu vieler Funktionen und Auskünfte, um nicht einer transzendenten Forderung zu entsprechen, die zwar stark genug ist, um ihn zu erschaffen, jedoch nicht stark genug, um auf seine komplizierte Anlage zu verzichten.* Er ist Werk und Werkmittel eines, der ihn nötig hat, der ihn nicht gern verwirft, der um ihn weint, als weinte er um seine Macht... Dies ist es, was Vinci fühlt. Seine Philosophie ist durchaus *naturalistisch*; sie nimmt heftigen Anstoß am *Spiritualismus*, hängt innig am Wort-für-Wort der physikalisch-mechanischen Erklärung; jedoch, wo die Seele in Frage steht, tritt sie vergleichbar an die Seite der Philosophie der Kirche. Die Kirche – jedenfalls soweit sie sich auf Thomas von Aquin beruft – bereitet der vom Leib abgetrennten Seele keine sehr beneidenswerte Existenz. Nichts ist so arm wie diese Seele, die ihren Leib eingebüßt hat. Gerade daß ihr noch das Sein bleibt: das heißt ein logisches Minimum, eine Art latenten Lebens, das sie unserem Verständnis entrückt, und sicher auch ihrem eigenen Verständnis. Sie hat alles abgelegt: Können, Wollen; Wissen am Ende? Ich weiß nicht einmal, ob ihr die Erinnerung an ihr Gewesensein verbleibt, an ein Irgendwann und Irgendwo, an *forma* und *actus* ihres Lei-

In Wirklichkeit ist es nur das Empfindungsleben, um das wir uns kümmern. Am geistigen Leben (nach schulmäßiger Unterscheidung – gewiß!) liegt uns nur insoweit, als es auf unsere Empfindung mannigfach einwirkt.
Nun kann aber diese für ziemlich lange Zeit ausfallen, ohne daß der Tod eintritt. Theologisch gesprochen: die *Seele* hat uns noch nicht verlassen. Aber innerhalb dieses Zeitraums war das *Ich* nicht vorhanden. Das, was uns im Angesicht unser selbst ausmacht, war gleich Null: und die Möglichkeit einer *restitutio ad integrum*

war dem geringfügigsten Zufall preisgegeben. Bestimmt wissen wir also nur: Wir können – nicht sein.

bes. Was ihr bleibt, ist lediglich die Ehre ihrer Autonomie... Ein derart leerer und nichtssagender Zustand ist zum Glück nur vorübergehend – sofern dieses Wort außerhalb der Zeitdauer überhaupt einen Sinn hat: die Vernunft fordert und das Dogma lehrt die Wiederherstellung des Fleisches. Sicher werden die Eigenschaften dieser überirdischen Fleischlichkeit sehr verschieden sein von denen, die unser Leib gehabt hat. Man muß hier, glaube ich, an etwas anderes denken als an eine Realisierung des *Unwahrscheinlichen*. Aber es ist müßig, sich bis an die äußersten Grenzen der Physik vorzuwagen, von einem verklärten Leib zu träumen, bei dem die Masse zu der alles durchwaltenden Schwerkraft in einem anderen Verhältnis steht als unsere Körpermasse, und zudem in solcher Beziehung zur Lichtgeschwindigkeit, daß die *Agilität*, die ihr verheißen ist, zu Realität wird... Wie dem auch sei: die entblößte Seele soll nach Aussage der Theologie in einem bestimmten Körper bestimmte Lebensfunktionen wiederfinden; und durch diesen neuen Körper eine Art von Stoff, an dem sie tätig werden und mit unverweslichen Wunderwerken ihre leeren Verstandeskategorien erfüllen soll.

Ein Dogma, das der leiblichen Organisation diese fast nicht einmal sekundäre Bedeutung beimißt, das die Seele beträchtlich einschränkt, das uns die Beschämung verwehrt und erspart, sie uns vorstellen zu müssen, das sie sogar zur Wiederverkörperung zwingt, damit sie an der Fülle des ewigen Lebens teilhaben kann, dieses

Leonardo da Vinci, Skizze für eine Flugmaschine, ca. 1488

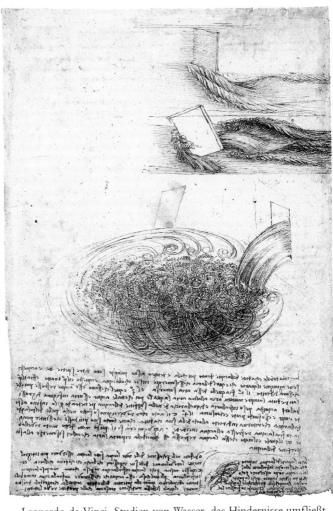

Leonardo da Vinci, Studien von Wasser, das Hindernisse umfließt und in einen Teich läuft, ca. 1508/1509

Dogma, das zum reinen Spiritualismus genau im Gegensatz steht, scheidet die Kirche in augenfälligster Weise von der Mehrzahl der übrigen christlichen Konfessionen. Doch will mir scheinen, als sei über keinen Glaubensartikel die religiöse Literatur in den letzten zwei- oder dreihundert Jahren so leichtfertig hinweggegangen. Apologeten und Prediger sprechen kaum noch von ihm... Die Ursache dieses Verschweigens weiß ich nicht anzugeben.

Ich habe mich so tief in Leonardo verirrt, daß ich nicht weiß, wie ich in der Eile zu mir selber zurückfinden soll... Pah! Jeder Weg führt mich dorthin: das ist geradezu die Definition dieses Ich-selbst. Es kann nicht ganz und gar in die Irre gehen. Es kann sich nicht verlieren; was es verliert, ist nur – Zeit.

Gehen wir also der Neigung und der Versuchung des Geistes noch ein Stück weiter nach; überlassen wir uns ihnen – zu unserem Leidwesen – ohne Furcht, denn auf einen wirklichen Grund stoßen wir dabei nicht. Auch unser »tiefstes« Denken ist umschränkt von unüberwindlichen Bedingungen, die bewirken, daß jedes Denken »oberflächlich« ist. Nur in einen Wald von Übertragungen dringen wir ein; oder eher noch haben wir es mit einem von Spiegeln umringten Palastinneren zu tun, Spiegeln, in denen eine einsame Lampe sich selber bis ins Unendliche fortzeugt.

Doch verlassen wir uns noch einmal nur auf unsere Neugier, um Licht in das verborgene System eines Individuums erster

Nichts läßt den oberflächlichen Charakter des Denkens so deutlich erkennen wie die Betrachtungen und Überlegungen, die es im Hinblick auf den *Körper* anstellt. Es gehört ihm an, setzt ihn in Bewegung, weiß nichts von ihm, bezieht sich auf ihn, vergißt ihn, läßt sich von ihm überraschen...

Ordnung zu bringen, und machen wir uns eine ungefähre Vorstellung davon, wie es sich selber sieht, wenn es zuweilen im Fortgang seiner Arbeit innehält und sich im Gesamten anschaut.

Zunächst stellt der Mensch fest, daß er der Notdurft und der gemeinen Wirklichkeit unterworfen ist; daraufhin versetzt er sich wieder in das Geheimnis des abgesonderten Erkennens. Er sieht wie wir und sieht wie er selbst. Er hat über seine Natur ein Urteil und ein Gefühl seiner Künstlichkeit. Er ist abwesend und gegenwärtig. Er erhält sich in jenem Doppelzustand, in dem ein Priester sich erhalten mag. Er fühlt sehr wohl, daß er, vor sich selber gestellt, sich aufgrund der gewöhnlichen Lebenstatsachen und Motive nicht vollauf zu definieren vermag. *Leben*, sogar Wohlleben, gilt ihm nur soviel wie ein Mittel; wenn er ißt, gibt er zugleich einem anderen Wunder, als sein Leben es ist, Nahrung, und die Hälfte seines Brotes ist geweiht. *Handeln* gilt ihm auch nur als eine Form, sich zu üben. *Lieben:* ich weiß nicht, ob er dazu imstande ist. Und was den Ruhm betrifft: nein! In den Augen anderer glänzen heißt ein Gefunkel von falschen Edelsteinen auffangen.

Doch muß er bei sich irgendwelche Richtpunkte ausfindig machen, Anhaltspunkte, die so angebracht sind, daß sein Eigenleben und jenes *allgemeinbezügliche Leben*, das er erkoren hat, sich zur Einheit fügen. Die unverwirrbare Schaukraft, die ihm anscheinend (doch ohne ihn völlig zu überzeugen) ein Gesamtbild seiner selbst vor

Augen stellt, möchte sich der Relativität, die sie aus allem anderen zu schließen genötigt ist, entziehen. Sie mag sich noch so sehr in sich selber verwandeln und sich Tag für Tag so lauter wie die Sonne wiedergebären: diese anscheinende Identität ist von dem Gefühl ihrer Trughaftigkeit begleitet. Sie weiß sich in ihrer steten Ruhe einer geheimnisvollen Strömung und einer zeugenlosen Verwandlung ausgesetzt; und darum weiß sie auch, daß sie selbst im Zustand lichtester Eindeutigkeit eine verborgene Möglichkeit des Scheiterns und des völligen Zusammenbruchs in sich birgt – so wie auch dem deutlichsten Traum manchmal ein Keim von Unwirklichkeit innewohnt.

Es ist eine Art strahlender Folter, zu fühlen, daß man alles sieht, ohne doch das Gefühl loszuwerden, daß man immer noch *sichtbar* und der begreifbare Gegenstand einer nichteigenen Beobachtung ist; und daß man nie den Ort, nie die Schau findet, die nichts hinter sich zurücklassen.

»Durus est hic sermo«, wird alsbald der Leser sagen. Aber in diesen Dingen ist schwierig, wer sich nicht mit Verschwommenem abgibt, und wer nicht schwierig ist, ist nichtssagend. Gehen wir noch ein Stück weiter!

Für ein geistiges Bewußtsein, das derart mit Selbstempfindung begabt ist und sich auf dem Umweg über das »Universum« in sich selber einschließt, sind alle Begebenheiten, welcher Art auch immer, das Leben sowohl wie der Tod, aber auch die Gedanken, lediglich untergeordnete *Figuren*.

Damit haben wir die Zeit erfunden, unter der wir uns das gemeine Los all dessen vorstellen, was nicht *wir* sind.
Aber dieses *Wir* enthält nichts mehr, insofern es die äußerste Grenze der eigentlichen und anhaltenden Tätigkeit des Erkennens bildet, welche darin besteht, unausgesetzt alles von sich abzurücken.

So wie alles *Sichtbare* im Verhältnis zu dem *hinschauenden Etwas* von anderer Art, unentbehrlich und zugleich ihm unterlegen ist, so verblaßt die Bedeutung dieser Figuren, wie groß sie auch in jedem Augenblick erscheinen mag, vor der Reflexion als solcher, vor der reinen Beharrungskraft der Aufmerksamkeit selber. Alles tritt zurück vor dieser reinen Universalität, dieser unübersteigbaren Allgemeinheit, als welche sich das Bewußtsein empfindet.

Wenn gewisse Begebenheiten imstande sind, es zu unterdrücken, so kommen sie damit auch im selben Augenblick um jede Bedeutung; sofern sie sie behalten, fallen sie in sein System. Die Intelligenz weiß sowenig, daß sie geboren ist, wie daß sie künftig sterben wird. Gewiß hat man sie über ihre Schwankungen und ihr schließliches Erlöschen unterrichtet, jedoch im Namen eines Begriffs, der keiner anderen Spezies angehört als die anderen Begriffe; sie käme sehr leicht dazu, sich für unverlierbar und unwandelbar zu halten, wenn sie nicht aufgrund erlebter Erfahrung über kurz oder lang eine Reihe verhängnisvoller Möglichkeiten vorgefunden hätte, sowie das Vorhandensein einer abschüssigen Bahn, die tiefer als alles hinabführt. Diese abschüssige Bahn beschert uns das Vorgefühl, daß ihr unter Umständen nicht zu widerstehen sein wird; sie kündet den Beginn eines unwiderruflichen Weiterrückens der geistigen Sonne vom Scheitelpunkt klarer Eindeutigkeit und Gediegenheit und der Macht, zu unterscheiden und zu wählen, an; man spürt, wie sie niedergeht und sich mit tausend psychologischen

weshalb man auf die Idee der Unsterblichkeit gekommen ist und sie ausgebildet hat. Eine Unterdrückung unseres Bewußtseins, die nicht vorfallsbedingt und endgültig ist, geht nicht in unser Begreifen ein. Begreifen kann das Bewußtsein nur, was es tun kann, und es kann nichts anderes tun, als von neuem zu werden.

Unsauberkeiten trübt, wie Schwulst und Schwindel sie heimsuchen, inmitten der Wirrnis der Zeit und der Verstörung angemessenen Tuns, und wie sie versagend in der unaussprechlichen Zerrüttung der Erkenntnis*dimensionen* ihren Weg geht, bis hin zu jenem momenthaften und ungeschiedenen Zustand, da dieses Chaos in völliger Nichtigkeit versinkt.

Jedoch: eine in sich vollkommene psychologische Ersatzwelt, die sich zum Tode genau so gegensätzlich verhält wie zum Leben, löst, je bewußter sie wird und je mehr sie auf sich selber beruht, jede Verbindung zu ihrem Ursprung und scheidet sozusagen jede Möglichkeit einer Unterbrechung aus. Ähnlich wie der Rauchring strebt dieses rein innerliche Kräftesystem wunderbarerweise auf vollkommene Unabhängigkeit und Unzertrennbarkeit zu. In einem sehr hellen Bewußtsein herrscht zwischen dem Erinnern und den Erscheinungen eine derart innige Verknüpfung, Erwartungs- und Erwiderungsbereitschaft, wird die Vergangenheit so gut in Dienst genommen, das Neue so rasch kompensiert, die Gesamtbezüglichkeit so prompt wiederhergestellt, daß im Schoße dieser nahezu reinen Tätigkeit nichts anheben, nichts enden zu können scheint. Der beständige Austausch von *dinghaften Elementen*, der ihr Wesen ausmacht, sichert ihr dem Anschein nach eine unbegrenzte Selbsterhaltung, denn an keines dieser Dinge ist sie gebunden, auch birgt sie in sich kein *Grenzelement*, keinen irgendwie gearteten Einzelgegenstand der Wahrnehmung oder des Denkens,

Es gibt keinen *letzten Gedanken an sich* und *durch sich*.
Bei gewissen männlichen Insekten gibt es einen letzten *Akt*, den Liebesakt, nach dem sie sterben. Doch es gibt keinen Gedanken, der die Fähigkeit des Geistes ausschöpft.
Indessen gibt es eine seltsame Neigung (bei sämtlichen Geistern einer gewissen Art), nämlich immerzu auf irgendeinen Punkt, irgendeinen Himmel loszusteuern.
Es gibt die Unersättlichkeit des Verstehens und des Konstruktionsvermögens...
Die Unbegreiflichkeit des Todes wird hier als notwendig wesenhaft dargestellt; der Tod als *Nichtproblem*.
Ich meine den Tod jedes einzelnen, wie ihn der einzelne im Blick hat. Denn biologisch gesehen ist der Tod ein *unablöslicher Bestandteil* des Lebens und insofern verständlich; wäre er es nicht, so *müßte* auch der Lebensvorgang *unverständlich* bleiben.

dessen Wirklichkeit die der anderen so überträfe, daß nach ihm kein anderer kommen könnte. Es gibt keine Idee, die den ungekannten Bedingungen des Bewußtseins in so hohem Grade genügt, daß sie es zum Verschwinden bringt. Es gibt keinen Gedanken, der das Denkvermögen austilgt und abschließt – keine Schlüsselstellung, die das Schloß endgültig abriegelt. Nein, es gibt keinen Gedanken, der, aus dem Denken selber geboren, einen Auflösungsbeschluß darüber verfügt und wie ein Schlußakkord an das Ende dieser ständigen Dissonanz tritt.

Da die Erkenntnis von keiner äußersten Grenze weiß und da keine Idee die Aufgabe des Bewußtseins erschöpft, muß es an einem unbegreiflichen Ereignis zugrunde gehen, das ihm jene außerordentlichen Widerfahrnisse und Schreckempfindungen, von denen ich sprach, ankünden und zurüsten; sie entwerfen vor unseren Augen unstetige und mit der Fülle des Lebens unvereinbare Welten; unmenschliche Welten, kraftlose Welten, vergleichbar jenen Welten, wie sie die Geometrie im freien Spiel mit den Axiomen entwirft, der Physiker, indem er andere *Konstanten* als die zulässigen annimmt. Zwischen die Eindeutigkeit des Lebens und die Einfachheit des Todes schieben sich die Träume, die Unlustgefühle, die Ekstasen, alle diese halb unmöglichen Zustände, und belasten sozusagen die Gleichung der Erkenntnis mit Annäherungswerten, mit irrationalen oder transzendenten Lösungen, setzen wunderliche Grade, Varietäten und unaussprechliche Phasen an – denn für Dinge,

unter denen man ganz allein ist, gibt es keine Namen.
So wie die täuschende Musik die Freiheiten des Schlummers an die Kette äußerster Wachsamkeit und Folgerichtigkeit legt und innere Wesenheiten für Augenblicke zur Synthese bringt, so lassen uns auch die Schwankungen des seelischen Gleichgewichts abweichende Existenzmodi wahrnehmen. Wir tragen in uns Formen der Sensibilität, die nicht zum Zuge kommen, wohl aber auftreten können. Es sind Augenblicke, die sich der unbarmherzigen Kritik des Lebensstroms entziehen; sie halten dem vollständigen Wirkungszusammenhang unseres Wesens nicht stand; entweder wir gehen zugrunde, oder sie lösen sich auf. Aber sie stecken voller Lehren, diese Ungeheuer der geistigen Wahrnehmung, und ebenso diese Übergangszustände – Räume, in denen die Stetigkeit, der Zusammenhang, die Beweglichkeit, wie wir sie kennen, verändert sind; Reiche, in denen Licht mit dem Schmerz zu Paar geht; Kraftfelder, wo gezielte Befürchtungen und Gelüste uns seltsame Kurzschlüsse bescheren; Stoff, der aus Zeit gemacht ist; buchstäbliche Abgründe von Entsetzen oder Liebe oder Stille; Bereiche, die auf ausgefallene Art an sich selber geschmiedet sind, nicht-archimedische Bereiche, die der Bewegung spotten; Orte des Immerwährenden, blitzhaft geschaut; Oberflächen, die sich höhlen, die vermählt sind mit unserem Ekel und unter dem leisesten Druck unserer Absichten nachgeben... Man kann nicht sagen, daß sie wirklich sind; man kann ihnen die Wirk-

> Dieses seelische Gleichgewicht wird sichergestellt durch entsprechende *Neueinstellung*, wodurch die seelischen Entwicklungen (Aufmerksamkeit und Assoziationen) wieder durchlässig für Empfindungen und äußere Wahrnehmungen werden.
> In den *Abweichungen* ist gewiß mancherlei zu finden; jedoch bekommen diese Funde erst Wert, wenn sie auf das System unseres Handelns und der feststehenden Außenwelt bezogen werden.

lichkeit nicht absprechen. Wer sie nie durchwandert hat, kennt nicht den ganzen Wert des natürlichen Lichtes und des unscheinbarsten Ortes; er kennt nicht die eigentliche Gebrechlichkeit der Welt, die nicht an der Alternative Sein oder Nichtsein hängt – das wäre zu einfach! – Erstaunlich ist nicht, daß die Dinge *sind*; vielmehr, daß sie *so* und nicht anders sind. Die *Gestalt dieser Welt* gehört zu einer Gattung von Gestaltungen, deren infinite Gruppenelemente uns, ohne daß wir darum wissen, sämtlich gegeben sind. Das ist das Geheimnis der Erfinder.

Tritt nun der Geist aus diesen Zwischenpausen und persönlichen Abwegen hervor, wo die Schwächen, die Giftstoffe im Nervensystem, wo aber auch die Kräfte und das verfeinerte Aufmerken, die erlesenste Logik, die ausgebildetste Mystik das Bewußtsein auf mancherlei Art leiten, so kommt er auf den Verdacht, daß die gesamte gewohnte Wirklichkeit nichts anderes ist als eine unter einer Vielzahl anderer Lösungen universaler Probleme. Das Bewußtsein erlangt Gewißheit darüber, daß die Dinge *recht* verschieden sein könnten von dem, was sie sind, ohne daß es selber *sehr* verschieden zu sein brauchte von dem, was es ist. Es wagt seinen »Körper« und seine »Welt« als Einschränkungen anzusehen, unter die das Studium seiner Funktion fast willkürlich gebracht worden ist. Es sieht, daß es einer *Welt* weder entspricht noch auf sie antwortet, sondern vielmehr einer Art System höheren Grades, dessen Elemente von Welten dargestellt werden.

Diese Erwägung erscheint bedenkenswert, wenn auch der Gedankengang notwendig offenbleibt.

Die Erkenntnis und ihr Gegenstand sind gewissermaßen reziprok. Aber diese Reziprozität ist nicht so ausschließlich streng, daß sie nicht eine gewisse Freiheit hin-

Es ist imstande, aus sich heraus mehr Kombinationen zu liefern, als es zum Leben braucht; strenger zu verfahren, als es der praktische Einzelfall erfordert und verträgt; es hält sich für tiefer, als es selbst der Abgrund des animalischen Lebens und Sterbens ist; und dieser Blick auf seine Verfassung ist keiner Rückwirkung auf sich selber fähig, so weit ist es zurückgetreten und hat seinen Ort außerhalb von allem gewählt, und so sehr war es bestrebt, *niemals in irgend etwas aufzutreten, was es begreifen und wovon es sich Rechenschaft geben kann.* Das Bewußtsein besteht nur noch in einem schwarzen Körper, der alles absorbiert und nichts wiedergibt.

Aus diesen exakten Feststellungen und diesen unvermeidlichen Prätentionen läßt sich ein gewagter Schluß ziehen: kraft dieser Art von Unabhängigkeit und Unwandelbarkeit, die sich das Bewußtsein notwendig zusprechen muß, setzt es sich schließlich als unmittelbaren und ebenbildlichen Sproß des antlitzlosen und ursprungslosen Wesens, auf das jeder Weltversuch zurückfällt und sich bezieht ... Noch ein Schritt, und es würde als notwendige Existenzen nur noch zwei ihrem Wesen nach unbekannte Entitäten ansetzen: Sich selber und X. Beide sind sie abgezogen von allem, mitverstanden in allem, alles mitverstehend. Gleich und in der Substanz eins.

Wenn der Anspruch des unermüdlichen Geistes den Menschen so mit der erwachten Dämmerwelt in Berührung gebracht und auf diesen Gipfel reiner Selbstan-

sichtlich aller Gegenstände und Inhalte zuläßt. Das Leben erschöpft nicht im Dienst seiner Notdurft alle Möglichkeiten des Geistes und der Sinne, die es unterhält.

schauung geführt hat, nimmt er sich in seiner Nacktheit und Blöße wahr, beschränkt auf die äußerste Armut einer Macht ohne Gegenstand; als Opfer, Meisterwerk und Erfüllung der dialektischen Vereinfachung und Ordnung; zu vergleichen mit jenem Stadium, das der vielseitigste Gedanke erreicht, wenn er sich an sich selber angeglichen, erkannt und in einer kleinen Gruppe von Zeichen und Symbolen zusammengefaßt hat. Dieselbe Arbeit, die wir an einem Gegenstand unseres Nachdenkens leisten, hat er auf das nachdenkende Subjekt verwendet.

Jetzt sieht er sich ohne Triebe, fast ohne Bilder; und er hat kein Ziel mehr. Er hat nicht seinesgleichen. Ich sage: *Mensch*, und ich sage: *es*, per analogiam und weil es kein Wort dafür gibt.

Es geht weder mehr um Wählen noch um Schaffen, es geht ebensowenig um Sicherhalten wie um Sicherweitern. Nichts mehr ist zu überwinden, und nicht einmal von Selbstzerstörung kann die Rede sein.

Könnten wir den Mechanismus des Einfältigen und den des geistreichen Menschen erkennend durchschauen, würde sich der Unterschied zwischen beiden, der uns zuweilen ungeheuer erscheint, vielleicht nur in unbedeutenden Abweichungen der Struktur und Wirkungsweise *an sich* zeigen, gemessen an denen die großen Unterschiede

Jedes *Genie* ist jetzt aufgezehrt, kann zu nichts mehr dienen. Es war nur Mittel, um zur letzten Einfachheit zu gelangen. Es gibt keine geniale Tat, die nicht *unter* dem Akt des Seins bliebe. Ein großartiges Gesetz behaust und begründet den Einfältigen; auch der stärkste Geist findet in sich selber kein besseres vor.

Insofern aber dieses vollendete Bewußtsein sich dazu gebracht hat, aufgrund der Totalsumme alles Seienden, gleichsam als *Überschuß* des Erkennens über dieses Totale, eine Definition seiner selbst zu treffen – und da es, um sich selber zu bestätigen, damit anfangen muß, unzählige Male eine Unzahl von Elementen zu verneinen und die Gegenstände seines Vermögens auszuschöpfen, jedoch nicht dieses Vermögen selbst –, ist es folglich vom Nichts so wenig verschieden, wie man will.

Einfach ausgedrückt, läßt es an einen unsichtbaren Zuschauer in einem dunklen Theater denken. Anwesend, ohne sich selber anschauen zu könen, verurteilt zu einem widerwärtigen Schauspiel, und dennoch mit dem Gefühl, daß es diese ganze keuchende Nacht und ihren unbeugsam gerichteten Lauf selber erschafft. Völlige Nacht, sehr gefräßige Nacht, heimlich organisierte Nacht, zur Gänze geschaffen aus Organismen, die sich begrenzen und ineinander ballen; kompakte Nacht, deren Finsternis vollgestopft ist mit Organen, die schlagen, die blasen, die sich erhitzen und die jedes nach seiner Wesensart ihre Stelle und ihre Funktion verteidigen. Im Angesicht dieser hitzigen und geheimnisvollen Versammlung erglänzt in einem festgefügten Rahmen und regt sich alles, was das Sinnen-, das Verstandesleben und das Mögliche ausmacht. Nichts kann entstehen, nichts vergehen, nichts auf welcher Stufe auch immer sein, einen Augenblick, einen Ort, ein Gesicht haben – wenn es nicht auf dieser eindeutigen *Bühne* erscheint, die ihm das Schicksal zugewiesen hat und wo es – nach der Scheidung irgendeiner vorzeitlichen Wirrnis, so wie sich am ersten Schöpfungstag Licht und Dunkel schieden – unter die *eine* gegensätzliche Bedingung gestellt worden ist: *gesehen zu werden* . . .

nur *Zufälligkeiten* wären.

Dieses Bild vom Theater ist geeignet, das tiefe organische Leben mit dem *oberflächlichen* Leben, das wir *Geist* nennen, zu verbinden und es in Gegensatz dazu zu stellen. Das erste ist regelmäßiger, periodischer Art und bezeugt sich zuweilen nur in der Form von Störungen, und zwar nicht in allen seinen Störungen, denn es gibt darunter sehr schwerwiegende, die stumm bleiben, sondern in einer bestimmten Anzahl, die eine Art Zufall uns empfinden, ja als unerträglich empfinden läßt, ohne daß ihre Lebenswichtigkeit dafür maßbebend wäre.

Wenn ich meine Betrachtung bis in diese Einsamkeit und bis auf diesen Punkt einer verzweifelt scharfen Einsicht gebracht habe, so geschah es, um die Idee, die ich mir von einer geistigen Potenz gebildet habe, bis in die letzten Konsequenzen zu verfolgen. Das auszeichnende Merkmal des Menschen ist das Bewußtsein; und Merkmal des Bewußtseins ist ein fortwährendes Ausschöpfen, ein rast- und ausnahmsloses Sichabsetzen von allem, was darin erscheint, was auch immer darin erscheint. Ein Akt, der unerschöpflich, unabhängig von der Qualität wie von der Quantität der erscheinenden Dinge ist, und der den *geistigen Menschen* schließlich dazu bringen muß, sich wissentlich auf eine unendliche Absage an jedes Seinkönnen zu reduzieren.[32]

Alle Erscheinungen, die somit von einer Art gleichmäßiger Abstoßung betroffen und gleichsam der Reihe nach mit derselben Gebärde verwiesen werden, halten einander auf gewisse Weise die Waage. Die Gefühle und die Gedanken verfallen gleichermaßen dieser einsinnigen Verurteilung, die sich auf alles Wahrnehmbare erstreckt. Man muß wohl darauf achten, daß dieser rigorosen Erschöpfung nichts entgeht, daß aber unsere Aufmerksamkeit genügt, um unsere innersten Regungen mit den äußeren Begebenheiten und Gegenständen auf die gleiche Stufe zu stellen: im Augenblick, da sie unter die Beobachtung fallen, gesellen sie sich allen beobachteten Dingen zu. – Farbe und Schmerz; Erinnerungen, Erwartung und Überraschungen; dieser Baum und die fließende Bewegung seines Laubs und seine verwandelte Gestalt im Jahreslauf und sein Schatten wie seine Substanz, seine Besonderheiten nach Wuchs und Standort, die weit abliegenden Gedanken, auf die er mein verweilendes Sinnen bringt – *all das ist gleich* ... Alle Dinge treten füreinander ein – ist das am Ende die Definition der *Dinge*?

Unumgänglich muß sich der tätige Geist am Ende zu dieser äußersten elementaren Erwägung bequemen. Seine vielfältigen Regungen, sein inneres Bestreiten, seine Verstörungen, seine analytischen Umkehrbewegungen; was lassen sie unverändert? Was hält dem Sog der Sinne, der Zerpflückung der Ideen, dem Schwächerwerden der Erinnerungen, der langsamen Verwandlung des Organismus, der unablässigen und vielgestaltigen Einwirkung des Universums Widerpart? – Es ist allein dieses Bewußtsein, in seinem abstraktesten Zustand.

Sogar unsere *Persönlichkeit*, die wir auf grobe Weise für unser innerstes und tiefstes *Eigentum*, für unser oberstes Gut halten, ist nur ein *Ding*, veränderlich und zufällig, gemessen an diesem nacktesten *Ich*; da wir an sie denken, ihre Interessen berechnend wahrnehmen und sie sogar ein wenig aus den Augen verlieren können, ist sie nichts weiter als eine psychologische Nebengottheit, die in unserem Spiegel wohnt und auf unseren Namen hört. Sie fällt in die Ordnung der Penaten. Sie unterliegt dem Schmerz, ist auf Düfte lüstern wie die falschen Götter und wie sie ein Wurmfraß. Sie glänzt vor Freude, wenn man ihr Lorbeer streut. Sie widersteht

Die Persönlichkeit ist aus Erinnerungen, Gewohnheiten, Neigungen, Reaktionen zusammengesetzt. Sie ist, im ganzen gesehen, die Gesamtsumme der raschesten Erwiderungen des Wesens, auch wenn diese Raschheit verzögernde Tendenz hat.[33]

Nun kann aber dies alles in bezug auf das reine und einfache Bewußtsein, das als einzige Eigenschaft das *Sein* hat, nur als zufällig angesehen werden. Das Bewußtsein hingegen ist vollkommen *unpersönlich*.

nicht der Macht des Weins, den Leckerbissen der Worte, der Bezauberung der Musik. Sie hat sich gern und ist darum gelehrig und leicht zu lenken. Sie verschleudert sich im Karneval des Wahns, sie schmiegt sich wunderlich verzerrt in die Scheinbildungen des Schlafs. Ja mehr noch: sie ist zu ihrem Verdruß gezwungen, mit ihresgleichen zu rechnen, sich einzugestehen, daß sie anderen *unterlegen* ist; und das empfindet sie als bitter und unerklärlich.

Überdies bringt alles ihr die Überzeugung bei, daß sie ein bloßer Vorfall ist; daß sie gezwungen ist, samt allen Zufälligkeiten der Welt in Statistiken und Namenslisten aufzutreten; daß sie mit einem Samentreffer und innerhalb eines mikroskopischen Vorgangs begonnen hat; daß sie Milliarden Gefährdungen überstanden hat und daß sie im ganzen – wie herrlich und willensstark, wie ausgeprägt und strahlend sie auch sein mag – der Effekt einer unberechenbaren Unordnung sein kann.

Da jede Person ein »Spiel der Natur«, ein Spiel der Liebe und des Zufalls ist, schmeckt alles, was dieses stets improvisierte Geschöpf vornimmt – das schönste Streben, ja selbst der gelehrteste Gedanke –, unvermeidlich nach seinem Ursprung. Sein Tun ist stets relativ, seine Meisterwerke sind Zufallsprodukte. Es denkt vergänglich, es denkt individuell, es denkt mittels Fanghaken; und es rafft das Beste an seinen Ideen bei zufälligen und heimlichen Gelegenheiten auf, die es wohlweislich nicht preisgibt. – Und zudem ist es nicht einmal sicher, ausgesprochen *jemand* zu sein; es verkleidet und verleugnet sich

lieber, als daß es sich behauptet. Da es seiner eigenen Inkonsistenz einige Hilfsmittel und sehr viel Eitelkeit abgewinnt, verlegt es seine Lieblingstätigkeit in die Fiktionen. Es lebt von Romanen, es geht mit der größten Ernsthaftigkeit in tausend Personen ein. Sein Held ist nie es selbst ...
Und schließlich spielen sich neun Zehntel seiner Dauer in dem ab, was noch nicht ist, in dem, was nicht mehr ist, und in dem, was nicht sein kann; auf eine Weise, daß unser wirkliches *Präsens* in neun von zehn Fällen die Chance hat, niemals zu sein.

Aber jedes derartige Einzelleben birgt in seiner Tiefe wie einen Schatz den grundlegenden Fortbestand eines Bewußtseins, das von nichts getragen wird; und so wie das Gehör im Auf und Ab einer Symphonie einen Klang wiederfindet und wiederum verliert, der als ein schwerer anhaltender Ton nie aus ihr verschwindet, aber nicht mehr in jedem Augenblick erfaßt wird, so bewohnt das reine *Ich*[34] als einzigartiges und eintöniges Element des In-der-Welt-Seins, bald wiedergefunden, bald wiederverloren, immerdar unseren Sinn; diese tiefe *Note* der Existenz herrscht, sobald man sie vernimmt, über alle Verworrenheit und Vielfalt des Daseins.
Besteht nicht die verborgene Hauptleistung des großen Geistes darin, eben diese substantielle Aufmerksamkeit dem Streit der gewöhnlichen Wahrheiten zu entziehen? Muß er nicht dahin kommen, sich im Widerspruch zu allen Dingen als jene reine unwandelbare Beziehung zwischen den verschiedensten Gegenständen zu definie-

ren, wodurch ihm eine fast unbegreifliche Allgemeinheit zuteil wird, so daß er sozusagen als eine dem Weltganzen ebenbürtige Kraft erscheint? Nicht seine liebwerte *Person* ist es, die er in diesen hohen Rang erhebt, da er ja denkend auf sie verzichtet und an die Stelle des *Subjekts* jenes nicht zu benennende Ich treten läßt, das keinen Namen, keine Geschichte hat, das sowenig empfindungsfähig, sowenig wirklich ist wie das Zentrum einer ringförmigen Masse oder eines Planetensystems – das aber aus allem entspringt, was das alles auch sein mag . . .

Unlängst war es noch die offenbare Bestimmung dieses wundersamen geistigen Lebens . . . über sich selber in Erstaunen zu geraten. Es ging darin auf, sich Kinder zu schaffen, um sie zu bewundern; es beschränkte sich auf alles Schönste, Angenehmste, Klarste und Festeste; es litt nur unter dem Vergleich mit anderen wetteifernden Bildungsformen; es verwickelte sich in das seltsamste Problem, das man sich je hat stellen können und das schlechthin in der Möglichkeit anderer Intelligenzen besteht, in der Pluralität der Einzahl, im widerspruchsvollen Zusammenbestehen von untereinander unabhängigen Lebensströmen – *tot capita, tot tempora*[35] – ein Problem, das mit dem physikalischen Problem der *Relativität* zu vergleichen, aber ungleich schwieriger ist . . .

Und hier ist nun der Punkt erreicht, wo es, hingerissen von seinem Streben nach Einzigartigkeit und erleuchtet von seinem Trachten nach Allmächtigkeit, alle Schöpfungen, alle Werke, ja sogar seine größten

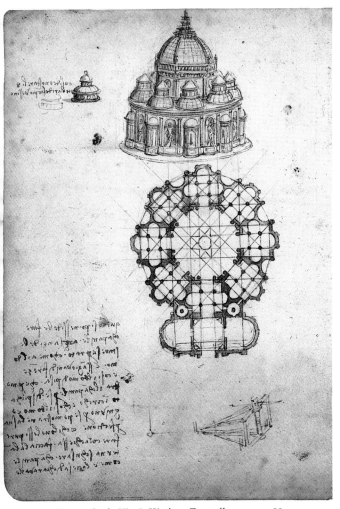

Leonardo da Vinci, Kirchen-Zentralbau, ca. 1488

Sur Léonard. de
— Il faut être pourvu d'instruments réels comme le
dessin et la puissance du dessin.
Pourquoi ?. Surtout contre la métaphysique,
et c'est ce que divers métaphysiciens subtils, craintifs
ont senti et ont essayé de remplacer par des images.
La vraie philosophie ne serait tout entière qu'un
instrument de pensée et non un but.
Une adaptation raisonnée. raccourcie —
Il n'y a pas de connaissance suprême, finale — un divin
point de vue, un balcon doré
Mais la manœuvre, l'animal cerveau dressé — et dont
le cavalier est toute circonstance, le présent, le hasard —

L'homme se meut de vie des débris, des arrachements, des éboulis
des désordres, sur le théâtre des bouleversements —

O Liovardo
Liouardo mio che tanto pensate

Paul Valéry, *Cahiers* V, 33, 1913

Pläne hinter sich läßt, während es gleichzeitig jede Zärtlichkeit, die es für sich selber hegte, jede Bevorzugung seiner Eigenwünsche ablegt. In einem Nu opfert es seine Individualität. Es fühlt sich reines Bewußtsein; zweierlei Bewußtsein kann es nicht geben. Es ist das *Ich*, das universale Fürwort, Benennung eines *Dies*, das sich auf kein Gesicht bezieht. Oh, welch ein Wendepunkt für den Stolz, wie ist er an ein Ziel gelangt, ohne zu wissen, daß er zu ihm hin unterwegs war! Welche Dämpfung wird ihm nun als Lohn für seine Triumphe zuteil! Es mußte füglich geschehen, daß ein so fest gerichtetes Leben, das alle Gegenstände, die man sich vorsetzen mag, als Hindernisse, die zu umgehen oder zu stürzen sind, behandelte, zu einer unangreifbaren Schlußfolgerung kam, nicht einem Abschluß seiner persönlichen Existenz, sondern einem Abschluß an sich ... Stolz hat es bis hierher geführt und verzehrt sich hier. Dieser Stolz, der ihm Führer war, läßt es erstaunt, nackt, unendlich einfach am Pol seiner Schätze zurück.

Der Stolz, um den es hier geht, ist offensichtlich nicht von der Art, die sagt: Ich bin mehr wert als Du. Sondern vielmehr: *was ich will*, ist mehr wert, *als was Du willst*. Mein Verlangen, mein Modell, mein Unmögliches übertrifft und tilgt Deines.

Das sind keine mysteriösen Gedankengänge. Man hätte auch ganz abstrakt schreiben können, daß die allgemeinste Gruppe unserer Transformationen, die alle Sinneseindrücke, alle Vorstellungen, alle Urteile, alles, was sich *intus et extra* manifestiert, in sich befaßt, eine *unveränderliche* Größe zur Voraussetzung hat.

Ich habe mich über alle Langmut und Verständlichkeit gehenlassen und bin Gedanken verfallen, die mir, während ich von meiner Aufgabe sprach, zugeflogen sind. Ich will in wenigen Worten diese etwas vereinfachte Schilderung meines Zustandes abschließen: für ein paar Augenblicke noch befinden wir uns im Jahre 1894.

Nichts ist so merkwürdig, wie wenn klare Einsicht mit Unzulänglichkeit ringt. Und zwar tritt dann etwa Folgendes ein, was eintreten muß, und auch bei mir eintrat.

Ich stand vor der Notwendigkeit, eine Persönlichkeit, befähigt für vielerlei Leistungen, zu erfinden. Ich hatte die Manie, an Menschen nur die Art, wie sie funktionierten, und an den Werken nur ihren Entstehungsprozeß zu lieben. Ich wußte, daß diese Werke immer Fälschungen, Arrangements sind, da der *Autor* glücklicherweise nie der *Mensch* ist. Das Leben des einen ist nicht das Leben des anderen: man häufe sämtliche Einzelheiten aus dem Leben Racines aufeinander: seine Verskunst wird dabei nicht herausspringen. Die gesamte Kritik ist von dem überlebten Grundsatz beherrscht: der Mensch ist *Ursache* seines Werkes – so wie der Verbrecher in den Augen des Gesetzes *Ursache* seines Verbrechens ist. Sie sind vielmehr deren Wirkung! Aber dieser pragmatische Grundsatz macht dem Kritiker wie dem Richter die Aufgabe leicht; die Biographie ist einfacher als die Analyse. Über das, was uns am meisten interessiert, lehrt sie uns rein nichts ... Mehr noch! Das eigentliche Leben eines Menschen, das immer schlecht definiert ist, sogar für seinen Nachbarn, sogar für ihn selber, kann nicht zur Erklärung seiner Werke verwertet werden, sofern dies nicht indirekt mittels

Das Leben des Autors ist nicht das Leben des Menschen, der er ist.

einer sehr sorgfältigen Untersuchung geschieht.
Also: keine Mätressen, keine Gläubiger, keine Anekdoten, keine Abenteuer – das redliche System, zu dem man gelangt, besteht vielmehr darin, unter Ausschluß all dieser äußerlichen Einzelheiten ein theoretisches Wesen, ein psychologisches *Modell*, das mehr oder weniger grob ausfallen mag, zu ersinnen, ein Modell jedoch, das auf gewisse Weise unsere eigene Fähigkeit vertritt, das Werk, das wir noch einmal zu schaffen vorhaben, unserem Verständnis aufzuschließen. Der Erfolg ist überaus zweifelhaft. Die Mühe lohnt sich jedoch: wenn sie auch nicht die unauflöslichen Probleme geistiger Parthenogenese löst, so *stellt* sie diese Probleme doch, und zwar mit unvergleichlicher Schärfe.
Unter den damaligen Umständen war diese Überzeugung mein einziger Aktivposten.

Die Zwangslage, in der ich mich befand, die Leere, die ich durch Beseitigung aller Hindernisse, die meiner Art widerstrebten, geschaffen hatte, die Ausscheidung gelehrten Wissens, der Verzicht auf rhetorische Hilfsmittel – all das brachte mich in einen verzweifelten Zustand. Schließlich, das gebe ich zu, wußte ich mir keinen besseren Rat, als dem unseligen Leonardo meine eigene geistige Unrast zuzuschreiben, die Verworrenheit meiner Gedanken auf die Vielseitigkeit seiner eigenen zu übertragen. Ich belehnte ihn mit allen meinen Wünschen, indem ich bei meinem Eigenkapital Kredit aufnahm. Ich versetzte

Darin besteht das Problem. In dem Versuch zu begreifen, was ein anderer begriffen hat, nicht aber sich nach ein paar Zeitdokumenten eine Romanfigur auszudenken.

ihn in Schwierigkeiten, die mir damals zu schaffen machten, als wäre er auf sie gestoßen und hätte sie überwunden. Ich verwandelte meine Verlegenheit in Stärke, die ich bei ihm voraussetzte. Ich wagte es, mich in seinem Namen anzuschauen und meine Person in Dienst zu nehmen.

Das war falsch, aber es steckte Leben darin. Ein junger Mensch, der auf tausend Dinge begierig ist: hat er nicht alles in allem eine gewisse Ähnlichkeit mit einem Renaissancemenschen? Vertritt er nicht sogar mit seiner Unbefangenheit jene Art von Unbefangenheit, die das *Erzeugnis* von vier Jahrhunderten voller Entdeckungen auf Kosten der Menschen jener Zeit ist? Und außerdem – dachte ich – hatte Herkules nicht mehr Muskeln als wir, sie waren nur dicker. Ich kann den Felsblock, den er hochstemmt, nicht einmal verrücken, aber in der Struktur unserer Maschinen ist kein Unterschied. Ich gleiche ihm Bein für Bein, Fiber für Fiber, Tat für Tat, und unsere Gleichheit erlaubt mir, seine Leistungen in der Phantasie zu erfinden. Kurzes Nachdenken genügt, um zu erkennen, daß man gar keine andere Wahl treffen kann. Man muß sich bewußt an die Stelle des Menschen, der uns beschäftigt, setzen – und wer anders als wir selber kann Antwort geben, wenn wir einen *Geist* rufen? Man findet ihn immer nur in sich selber. Es ist unsere eigene Art zu funktionieren, die uns *als einzige* über alles, was ist, etwas beibringen kann. Unsere Erkenntnis ist nach meinem Gefühl begrenzt durch das Bewußtsein, das wir von unserem Sein haben können – vielleicht auch von *unse-*

rem Körper. Wer X auch sein mag: sobald ich meinem Denken über ihn auf den Grund gehe, weist es in meine Richtung, wer ich auch sein mag. Man kann das nicht wissen oder wissen, kann darunter leiden oder danach verlangen: jedenfalls gibt es kein Ausweichen, keinen anderen Ausweg. Die *Intention* allen Denkens liegt in uns. Aus unserer eigenen Substanz bestreiten wir vorstellend und bildend einen Stein, eine Pflanze, eine Bewegung, einen *Gegenstand*: irgendein Bild ist vielleicht nur der Anfang unser selbst...

lionardo mio
o lionardo che tanto penate...

Was den echten Leonardo betrifft, so war er, der er war... Jedenfalls gewinnt dieser Mythos, der seltsamer ist als alle anderen, unendlich an Wert, wenn man ihn aus der Fabelwelt in die Geschichte zurückversetzt. Je weiter man vorangeht, um so größer wird er gerade. Die Experimente Aders und der Brüder Wright haben rückblickend den *Codex über den Vogelflug* mit Ruhm überstrahlt[37]; der Keim zu den Theorien von Fresnel[38] findet sich in gewissen Passagen der Handschriften des Instituts. Im Laufe der letzten Jahre haben die Forschungen des leider dahingegangenen Pierre Duhem über die *Ursprünge der Statik*[39] berechtigten Anlaß gegeben, Leonardo das fundamentale Theorem von der Zusammensetzung der Kräfte zuzuschreiben, sowie einen deutlichen – wenn auch unvollständigen – Begriff vom virtuellen Leistungsprinzip.

Diese Worte, von wem aufgezeichnet? Man kann lesen: *penate* oder *pensate*. Wie vertraulich das klingt... Also muß es eine fremde Hand gewesen sein, die diese gelehrten Blätter mit einer zärtlichen Inschrift versah.[36]

1919...

LEONARDO
UND DIE PHILOSOPHEN

Brief an Leo Ferrero

Im Namen und unter Anrufung Leonardo da Vincis stellen Sie ein Bemühen und eine Meditation in reiner Ästhetik an den Beginn Ihrer Laufbahn. Damit enden (und daran scheitern auch) nicht wenige Philosophen. Nichts ist edler und kühner.
Mit bemerkenswerter Schärfe und Feinfühligkeit haben Sie einige der heikelsten Punkte jener ewigen Fragestellungen untersucht, die darauf abzielen, das Schöne fast verständlich zu machen und uns Gründe dafür zu geben, uns von ihm in noch höherem Grade bewegen zu lassen.
Aber es heißt die Unvorsicht ein bißchen weit treiben, wenn Sie mich bitten, Ihr Werk beim Publikum einzuführen.
Nicht als ob ich nicht hie und da auf den verschiedensten Wegen Probleme dieser Art angetroffen und reiflich über sie nachgedacht hätte; doch haben dabei meine Gedanken einander reflektiert, meine lichten Momente sich zwischen parallelen Spiegeln verirrt. Zwischen der Natur und den Menschenwerken, zwischen der Lust zu sehen und der Lust zu können findet ein unendlicher Austausch statt. Die Analyse verliert sich hier sehr rasch. Die Intelligenz, die unermüdlich und stets von neuem bestrebt ist, das, was ist, in eine neue

Ordnung zu bringen und die Symbole aller Dinge um ihren unbekannten Herd zu gruppieren, ermüdet und verzweifelt an diesem Bereich, wo die Antworten vor den Fragen da sind, wo die Laune Gesetze hervorbringt, wo es vorkommt, daß man ein Symbol für die Sache und die Sache für das Symbol nehmen kann und mit dieser Freiheit spielt, um zu einer unerklärlichen Art von Strenge zu gelangen.

Sie wünschen indessen, daß ich, unsicher wie ich bin, die Geister auf Ihre Dialektik vorbereite. Ich habe Ihnen nichts weiter zu bieten als eine Idee, die ich mir unklar genug von den Spekulationen über das Schöne mache.

Man muß zugeben, daß die Ästhetik eine große, ja eine unwiderstehliche Versuchung ist. Fast alle Menschen, die ein lebhaftes Gefühl für die Kunst haben, tun ein wenig mehr als nur fühlen; sie können sich des Bedürfnisses nicht erwehren, ihren Genuß zu vertiefen.

Wie sollte man es auch dulden, daß gewisse Ansichten der Welt und gewisse Werke aus menschlicher Hand uns geheimnisvoll verführen, ohne nach einer Erklärung für diese zufällige oder zubereitete Wonne zu suchen, die uns auf der einen Seite vom Verstand unabhängig zu sein scheint – *dessen verstecktes Leitprinzip sie gleichwohl unter Umständen ist* –, während sie auf der anderen Seite von unseren gewöhnlichen Affekten deutlich unterschieden zu sein scheint, *obwohl sie dennoch deren Vielfalt und Tiefe in sich faßt und ins Göttliche hebt*?

Die Philosophen konnte diese besondere

Der Philosoph ist, im ganzen gesehen, eine Art *Spezialist* des *Universalen*, ein Merkmal, das sich auf widersprechende Art äußert. Zudem erscheint dieses *Universale* nur in *Wort*gestalt. Diese beiden Erwägungen legen den Schluß nahe, den Philosophen unter die *Künstler* einzureihen; aber dieser Künstler will nicht zugeben, daß er einer ist, und damit hebt das Drama oder die Komödie der Philosophie an. Während die Maler und die Dichter sich den *Vorrang* streitig machen, machen die Philosophen sich die *Existenz* streitig.

Vielleicht denkt der Philosoph, daß eine *Ethik* oder eine *Monadologie* ernstzunehmendere Dinge sind als eine *Suite in d-Moll*?[40] Es stimmt zwar, daß gewisse Fragen, die der Geist sich stellt, allgemeiner und *natürlicher* sind als derartige Kunsterzeugnisse. Aber nichts beweist, daß es nicht naive Fragen sind.

Art von Gemütsbewegungen nicht unberührt lassen. Es bestand für sie außerdem ein weniger naiver und mehr von der Methode eingegebener Grund, ihnen ihre Aufmerksamkeit zuzuwenden, nach ihren Ursachen, ihrem Ablauf, der Bedeutung und dem Wesensgehalt zu forschen.

Das weite Unternehmen der Philosophie besteht, wenn man es im Kernpunkt des Philosophen selber betrachtet, im wesentlichen in dem *Versuch einer Umwandlung von all dem, was wir wissen, in das, was wir wissen möchten*; und zwar wird für dieses Unternehmen gefordert, daß es sich in einer gewissen *Ordnung* vollzieht oder zumindest darbietet.

Kennzeichnend für die Fragen der Philosophie ist deren Ordnung, denn in einem philosophischen Kopf gibt es und kann es keine ganz und gar unabhängigen und im Wesen alleinstehenden Fragen geben. Man findet hier im Gegenteil als Baßkontinuo das Gefühl oder den Grundton einer latenten, wenn auch engeren oder weiteren Abhängigkeit sämtlicher Gedanken untereinander, soweit die Philosophie sie enthält oder enthalten kann. Dieses Bewußtsein einer tieferen inneren Bindung legt als Prinzip den Ordnungsgedanken nahe, und die Ordnung der Fragen führt notwendig auf eine Grundfrage: und zwar die nach der Erkenntnis.

Hat aber erst einmal die Philosophie die Erkenntnis zum Gegenstand ihrer Frage gemacht, sie begründet, gerechtfertigt oder abgewertet – ob sie sie nun in den Himmel gehoben und mit Hilfe starker logischer und intuitiver Kombinationen *ultra vires* entwickelt hat, oder ob sie sie kritisch auf ihr Maß zurückgeführt und gleichsam zu sich selber gebracht hat –, so wird sie unfehlbar dahin kommen, zu *erklären*, das heißt in ihrem System, das ihre persönliche *Ordnung* des Verstehens ist, auszudrücken, wie es sich mit dem menschlichen Tun im allgemeinen verhält, von dem das verstandesmäßige Erkennen, mag es seiner auch im Ganzen innewerden, letzthin nur eine seiner Modalitäten ist.

Dies ist ein kritischer Punkt jeder Philosophie. Ein Denken, das eben noch so rein, so zentral gewesen ist, das in seiner eigentlichen Gestalt (wie es auch um den Inhalt und die Schlußfolgerungen bestellt sein mag) dem Ideal zustrebt, Begriffe um eine für den Denkenden charakteristische Haltung oder Achtsamkeit *gleichmäßig* anzuordnen, ein solches Denken muß sich nun daran versuchen, die Verschiedenartigkeit, Unregelmäßigkeit und Unvorhersehbarkeit der anderen Gedanken wiederzufinden; wobei seine Ordnung deren anscheinende Unordnung in Ordnung bringen soll.

Als Konsequenz aus seiner Einheit und seiner Souveränität muß es die Pluralität und die Autonomie der Geister wiederaufbauen. Es muß das Vorhandensein dessen rechtfertigen, was es in seinem Sosein der Irrigkeit überführt und vernichtet hat, muß die Lebenskraft des Absurden, die Fruchtbarkeit des Widersprüchlichen anerkennen und sich manchmal selber, noch ganz durchseelt von der Universalität, aus der es hervorzugehen meinte, auf den besonderen Schaffenszustand oder das individuelle Streben einer bestimmten Person einschränken. Und damit stehen wir am Beginn einer Weisheit und zugleich vor dem Untergang einer Philosophie.

In Wahrheit ist das Dasein der *anderen* immer beunruhigend für den glänzenden Egotismus eines Denkers. Und doch kann er nicht umhin: er muß sich an dem großen Rätsel stoßen, das ihm die Eigenwillkür des Nächsten aufgibt. Das Fühlen, Denken und Handeln anderer erscheint uns fast immer willkürlich. Der Vorzug, den wir uns selber einräumen, wird in allem mit einer Notwendigkeit unterbaut, für deren treibende Kraft wir uns halten. Aber der *andere* existiert, und das Rätsel bedrängt uns. Es macht uns auf zweierlei Art zu schaffen: die eine besteht in der Verschiedenartigkeit der Haltungen und der Charaktere, in der Verschiedenheit der Entscheidungen und Einstellungen in allem, was die Erhaltung des Leibes und seiner Güter angeht; die andere offenbart sich in der Mannigfaltigkeit des Geschmacks, des Ausdrucks und der Schöpfungen der Sensibilität.

Unser Philosoph kann sich nicht dahin entscheiden, daß er diese Wirklichkeiten *nicht* in sein eigenes Verstehen aufnimmt, da er sie ja gerade assimilieren und in Möglichkeiten, die ihm angehören sollen, verwandeln möchte. Er will *begreifen*; er will sie im vollsten Sinne des Wortes begreifen. Also wird er in Gedanken darangehen, sich eine Wissenschaft von den Werten des Handelns und eine Wissenschaft von den Werten des Ausdrucks oder der Hervorbringung von Gemütsbewegungen aufzubauen – eine ETHIK und eine ÄSTHETIK –, als müßte ihn der Palast des Denkens ohne diese beiden Flügel unvollendet dünken, in deren symmetrischer Ordnung sein allmächtiges und abstraktes Ich die Leidenschaft, die Tätigkeit, die Gemütsbewegung und die Erfindung gefangenhalten soll.

Jeder Philosoph wendet sich, wenn er mit Gott, mit dem Ich, mit Zeit, Raum, Stoff, den Kategorien und Essenzen fertig geworden ist, den Menschen und ihren Werken zu.

So wie er das *Wahre* erfunden hatte, erfand der Philosoph auch das *Gute* und das *Schöne*; und so wie er das Denken, als es für sich allein stand, mit Regeln in Einklang gebracht hatte, begab er sich jetzt daran, allgemeinverbindliche Regeln für das Handeln und den Ausdruck in Vorschriften und Modellen niederzulegen, die der Launenhaftigkeit und dem Zweifel jedes einzelnen entzogen sein sollten, insofern für sie ein einziges und allgemeingültiges Prinzip maßgebend war, ein Prinzip, das es mithin vor allem anderen und *unabhängig von jeder Einzelerfahrung* anzugeben und zu bestimmen galt.

Es gibt in der Geschichte des Geistes kaum ein denkwürdigeres Ereignis als diese Einführung der Ideale, in der man ein europäisches Faktum par excellence erblicken kann. Ihre abnehmende Kraft im geistigen

die unfehlbar der schwache Punkt einer Philosophie sind... Meiner Ansicht nach *ist die Philosophie eine Sache der Form*. Sie ist die verständlichste Form, die ein bestimmtes Individuum der *Gesamtheit* seiner inneren und sonstigen Erfahrungen zu geben vermag, und zwar *unabhängig vom sonstigen Wissen dieses Menschen*. Je näher er auf der Suche nach dieser Form an eine individuellere und ihm angemessenere Ausdrucksweise herankommt, um so *befremdender* werden ihm *Tätigkeit* und *Leistung* anderer erscheinen.

Leonardo ist einer der Begründer des ausgesprochenen Europäischen. Er gleicht weder den Alten noch den Modernen.

Es versteht sich, daß das *Gute* und das *Schöne* aus der Mode gekommen sind. Was das *Wahre* angeht, so hat die Photographie sein Wesen und seine Grenzen aufgezeigt. Die Aufnahme der Phänomene durch eine rein von ihnen selber ausgehende Wirkung, in der *vom Menschen sowenig* wie möglich enthalten ist: so steht es um »unser Wahres«. Es ist das, was ich feststelle.

Leben fällt mit dem Niedergang der typischen Stärken Europas zusammen.⁴¹

Aber ebenso wie wir immer noch am Gedanken einer reinen Wissenschaft festhalten, ausgehend von *lokalen* Evidenzen, deren Eigenschaften sich von Identität zu Identität mit voller Strenge bis ins Unendliche erstrecken könnten, ebenso sind wir noch halb überzeugt von der Existenz einer *Moral* und der Existenz einer *Schönheit*, die von Zeit und Ort, von Rassen und Personen unabhängig sind.

Und doch tritt der Zerfall dieser edlen Architektur von Tag zu Tag deutlicher hervor. Wir sind Zeugen der folgenden außerordentlichen Erscheinung: gerade die Entwicklung der Wissenschaft wirkt schmälernd auf den *Wissens*begriff ein. Ich will damit sagen, daß jener Teil der Wissenschaft, der unumstößlich schien und den sie mit der Philosophie gemeinsam hatte (das heißt der Glaube an das Intelligible und das Vertrauen in den Eigenwert geistiger Errungenschaften), immer mehr einer neuen Auffassung und Bewertung der Rolle der Erkenntnis den Rang abtritt. Das Streben des Intellekts kann nicht mehr auf eine geistige Grenze, auf das *Wahre* konvergierend betrachtet werden. Man braucht sich nur zu befragen, und man trifft bei sich selber auf die moderne Überzeugung: daß alles *Wissen*, dem kein tatsächliches *Können* entspricht, nur eine konventionelle oder willkürliche Bedeutung hat. Alles Wissen taugt nur insoweit, als es einem feststellbaren Können die Beschreibung oder die Vorschrift liefert. Von nun an sieht sich jede Metaphysik, ja sogar jede Erkenntnistheorie, wie immer sie auch beschaffen sein mögen, schroff getrennt und abgerückt von dem, was *alle* mehr oder minder bewußt für das alleinige echte Wissen halten – jenes Wissen nämlich, das auf *Golddeckung* beruht.

Im gleichen Augenblick zerfallen Ethik und Ästhetik von selber in Probleme der Gesetzgebung, der Statistik, in geschichtliche und physiologische Probleme ... und in verlorene Illusionen.

Bei welcher Gelegenheit übrigens kommt es zur Herausbildung und Präzisierung des Vorhabens, eine »Ästhetik aufzustellen«? – Eine Wissenschaft vom Schönen? ... Aber verwenden die Modernen diesen Begriff überhaupt noch? Mir scheint, daß sie ihn nur noch *leichthin* aussprechen. Oder aber ... daß sie an die Vergangenheit denken. Die Schönheit ist eine Art Verstorbene. Die Neuartigkeit, die Intensität, die Seltsamkeit – in einem Wort, alle *Schockwerte* sind an ihre Stelle getreten. Die Reizung in rohester Form ist in den Seelen der jüngsten Zeit die oberste Herrin, und heute haben die Werke den Auftrag, uns aus dem Zustand der Betrachtung zu reißen, das *»verweilende« Glück* zu entthronen, dessen Bild ehemals mit der allgemeinen Schönheitsidee innig verbunden war. In steigendem Maße dringen in die Kunst die unstetigsten und unmittelbarsten Haltungen des Seelen- und Empfindungslebens ein. Das *Unbewußte*, das *Irrationale*, das *Momentane*, die, wie schon aus ihren Namen hervorgeht, eingeschränkte und ne-

Wenn es eine Ästhetik geben könnte, müßten die Künste vor ihr notwendig zunichte werden – das heißt *vor ihrer Essenz*.

gative Spielarten der willensmäßigen und betonten Formen geistiger Tätigkeit sind, haben sich an die Stelle jener Modelle gesetzt, deren *der Geist gewärtig ist*. Leistungen, die aus der Sehnsucht nach »Vollkommenheit« hervorgehen, sind kaum mehr zu finden. Beachten wir nebenbei, daß diese veraltete Sehnsucht vor der fixen Idee und der unersättlichen Sucht nach *Originalität* das Feld räumen mußte; der Ehrgeiz, zu vollenden, verschmilzt mit der Absicht, ein Werk zu schaffen, das von jeder Epoche unabhängig sein soll; das Trachten nach dem Neuen hingegen will aus dem Werk ein Ereignis machen, das durch seinen Kontrast mit dem Augenblick selber besticht. Im ersten Falle sind *Erbe*, Nachahmung, Tradition beteiligt, ja sogar erforderlich als Stufen seines Aufstiegs zu dem absoluten Ziel, das man zu erreichen träumt. Im zweiten Falle werden sie mit noch größerem Nachdruck zurückgewiesen, zugleich aber impliziert, da man im wesentlichen darauf ausgeht, sich zu *unterscheiden*.

In unserer Zeit kann also eine »Definition des Schönen« nur noch als ein historisches oder philosophisches Dokument angesehen werden. Was seine Bedeutungsfülle in früherer Zeit angeht, so ist dieses berühmte Wort im Begriff, dasselbe Schicksal wie andere Wortmünzen zu erleiden, die außer Kurs geraten und in die Schublade des Sprachnumismatikers gewandert sind.

Und doch bleiben gewisse Probleme bestehen, lassen sich gewisse Probleme aufstellen, die in keine der wohldefinierten

---

Man muß sich darüber klar sein, daß eine *positive* Lebensauffassung unumgänglich das Trachten nach unmittelbaren Wirkungen und die Preisgabe der *schönen Arbeit* nach sich zieht. Wir sind Zeugen der Dämmerung der Nachwelt.

Nichts, worüber der unbefangene Blick so

wissenschaftlichen Disziplinen einzuordnen sind, die keiner besonderen Technik entspringen und die andererseits von den Philosophen, wie es scheint, übersehen oder übergangen worden sind, indessen sie, wenn auch unklar oder verschroben formuliert, in den Überlegungen der Künstler immer wiederkehren oder von neuem auftauchen.

sehr erstaunt wie über gewisse Probleme, die von den Philosophen in den Vordergrund gestellt werden, wenn es nicht das Fehlen anderer Probleme ist, die derselbe unbefangene Geist für grundlegend wichtig gehalten hätte.

Man denke etwa nur an die allgemeinen Probleme der Komposition (das heißt an die Relationen zwischen dem Ganzen und den Teilen innerhalb *verschiedener Ordnungen*); an die Probleme, die sich aus der Pluralität der Funktionen jeden Elements in einem Werk ergeben; an die Probleme des *Ornaments*, die sich sowohl mit der Geometrie als auch mit der Physik und der Morphologie berühren und doch nirgends einen Ort haben; die aber eine unbestimmte Verwandtschaft zwischen den Formen des Gleichgewichts von Körpern, zwischen den Harmoniefiguren, den Schmuckformen von Lebewesen und den halb- oder vollbewußten Produkten menschlicher Kunstfertigkeit erraten lassen, wenn diese sich gedrängt fühlt, einen freien Raum- oder Zeitausschnitt aus einer Art »horror vacui« systematisch auszufüllen...

Fragen dieser Art stellen sich dem reinen Denken nicht. Ihr Ursprung und ihre Kraft liegen im Schaffenstrieb, wenn dieser, über die momentane Ausführung hinausgehend, von Lösungen, um die er dem Anschein nach spekulativ und in philosophischer Form ringt, irgendeine Ent-

Ich will damit sagen: wenn ein Künstler sich vornimmt, ein so reich verwobenes oder so ausgedehntes oder für ihn so neuartiges Werk zu schaffen, daß die Mittel zu seiner

Verwirklichung und sein Vorhaben nicht durch ihr gegenseitiges Zueinanderpassen bestimmt sind, kommt er dazu, sich eine dem Anschein nach allgemeine *Theorie* zu bilden, in der Sprache der Abstraktion eine Autorität wider sich selber aufzurufen, die ihm sein Unternehmen insofern erleichtert, als sie ihm universal gefärbte Bedingungen auferlegt.

Man braucht nur ein bißchen unter Künstlern gelebt zu haben, um in Gesprächen mit ihnen diese Beobachtung zu machen und mit mancherlei Rezepten bekannt zu werden...

scheidung erwartet, durch welche Form und Struktur eines konkreten Werks eindeutig festgestellt werden sollen. Zuweilen will der Künstler (indem er den Philosophen eine Strecke Wegs begleitet) zu Prinzipien aufsteigen, die seine Absichten rechtfertigen und erhöhen und sie mit einer überindividuellen Autorität ausstatten sollen; doch handelt es sich hier um eine interessierte Philosophie, die mit ihren Gedanken auf Konsequenzen für ein besonderes Werk abzielt. Während für den echten Philosophen *das, was ist*, die Grenze, die es zu erreichen, und der Gegenstand, den es wiederzufinden gilt, ist – und zwar am äußersten Grenzsaum der Fahrten und Schritte des Geistes –, entwirft sich der Künstler in die Möglichkeit und macht sich zum *Beförderer dessen, was sein wird*.

Von der Denkweise des Künstlers ist die philosophische Ästhetik am deutlichsten dadurch getrennt, daß sie von einem Gedanken ausgeht, der mit den Künsten nichts zu tun zu haben glaubt und sich in seinem Wesen als etwas anderes fühlt als der Gedanke eines Dichters oder Musikers, worin sie sich jedoch, wie ich gleich zeigen werde, verkennt. Die Kunstwerke sind für sie Zufälle, Sonderfälle, Effekte einer regen und erfindungsreichen Einbildungskraft, die nach einem Prinzip blindlings trachtet, von dem sie, die Philosophie, die unmittelbare und reine Schau oder Erkenntnis haben muß. Diese Tätigkeit erscheint ihr nicht *notwendig*, insofern ihr oberstes Ziel dem philosophischen Denken unmittelbar gegeben und direkt

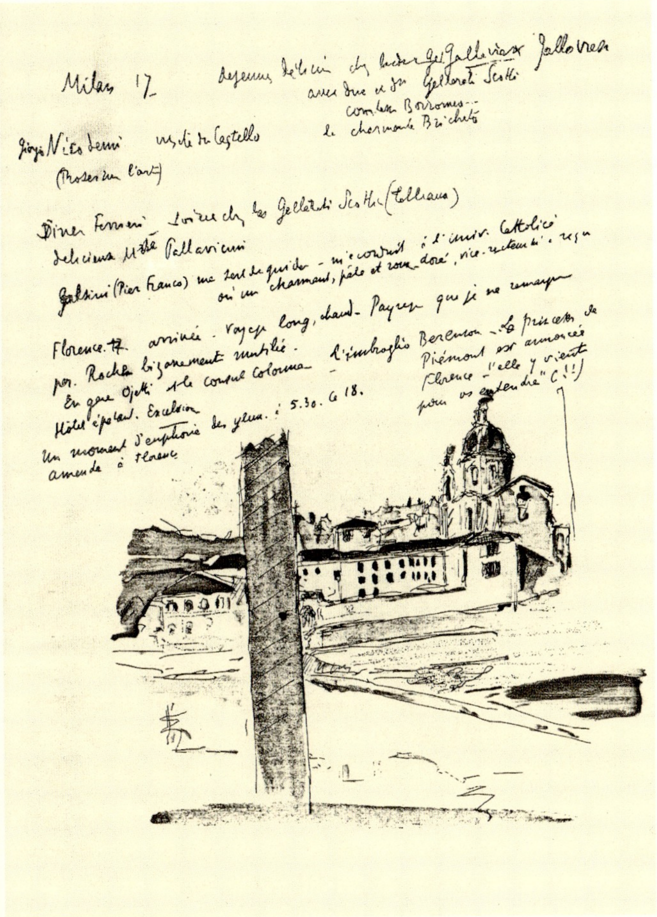

Paul Valéry, *Cahiers* XVI, 377, 1933

Paul Valéry, *Cahiers* XVI, 378, 1933

zugänglich sein muß durch bewußtes Achten auf die Erkenntnis der Erkenntnis oder auf ein System, das die sinnliche mit der intelligiblen Welt vereint. Der Philosoph empfindet an ihr nicht die eigenartige Notwendigkeit; von der Bedeutung der Stoffarten, der Mittel und Darstellungswerte hat er keine rechte Vorstellung, denn er hat die unüberwindliche Neigung, sie von der *Idee* zu unterscheiden. Es widerstrebt ihm, an einen Austausch zu denken, der sich im Inneren fortwährend und mit gleichem Recht zwischen dem, was man will, und dem, was man kann, abspielt, zwischen dem, was er für Zufall, und dem, was er für die Substanz hält, zwischen der »Form« und dem »Inhalt«, zwischen dem Bewußtsein und der Selbsttätigkeit, zwischen dem Umstand und der Absicht, zwischen dem »Stoff« und dem »Geist«. Nun ist es aber gerade das zur großen Gewohnheit, zu errungener Freiheit gewordene Schalten mit diesen Vertauschungen, das dem Künstler innewohnende gemeinsame Maß, das unter Elementen von größter Wesensverschiedenheit versteckt liegt; es ist das unumgängliche und ungeschiedene Zusammenwirken, das *in jedem Augenblick* und mit jedem Handgriff vollzogene Zusammenfügen von Willkür und Notwendigkeit, von Erwartetem und Unerwartetem, von seinem, des Künstlers, Leib, seinen Werkstoffen, seinen Willenskräften und sogar seinen Unachtsamkeiten, wodurch es gelingt, der Natur als der praktisch unendlichen Quelle von Themen, Modellen, Mitteln und Vorwänden einen *Gegenstand* beizugesellen, der nicht

Dem Philosophen geht nur schwer ein, daß der Künstler fast unterschiedslos von der *Form* zum *Inhalt* und vom Inhalt zur Form überwechseln kann; daß ihm eine bestimmte Satzform *beikommt* und daß er erst *dann* nach einem *Sinn* sucht, der sie rechtfertigt und ergänzt; daß die *Idee einer Form* ihm soviel gilt wie die *Idee, die nach einer Form verlangt.* Usw.

vereinfacht und in die Form eines einfachen und abstrakten Gedankens gebracht werden kann, da er seinen Ursprung und seine Wirkung in einem unentwirrbaren System selbständiger Voraussetzungen hat. *Man kann ein Gedicht nicht resümieren, wie man ein – »Universum« resümiert.* Eine These resümieren heißt von ihr das Wesentliche zurückbehalten. Ein Kunstwerk resümieren (oder durch ein *Schema* ersetzen) heißt das Wesentliche an ihm verlorengehen lassen. Man sieht, in wie hohem Grade dieser Umstand (wenn man seine Tragweite ermißt) die Analyse des Ästhetikers illusorisch macht.

So lassen sich auch nicht von einem natürlichen Gegenstand oder einer natürlichen oder künstlichen Anordnung gewisse ästhetische Charaktere abziehen, die man dann an anderer Stelle wiederfindet, um schließlich zu einer allgemeinen Formel der schönen Dinge aufzusteigen. Nicht als sei diese Methode nicht häufig angewendet worden; übersehen wird dabei, daß sich die Forschung als solche an etwas »bereits Gefundenes« hält, und daß außerdem der betrachtete Gegenstand nicht die Zurückführung auf einige wenige Züge verträgt, wenn er nicht seine unveräußerliche Gefühlskraft einbüßen soll.

Dem Philosophen geht nur schwer ein, daß der Künstler fast unterschiedslos zwischen der Form und dem Inhalt, dem Inhalt und der Form hin und her geht[42], daß er auf eine Form *eher* als auf den Sinn, den er ihr geben will, kommen kann und daß die Idee einer Form ihm gleichviel gilt wie die Idee, die nach einer Form verlangt.

In einem Wort: wenn es eine Ästhetik geben könnte, so müßten die Künste vor ihr zunichte werden – das will sagen: *vor ihrer Essenz*.

Was ich hier sage, darf nicht von den technischen Studien behauptet werden, die sich nur auf die Mittel und die jeweils besonderen Lösungen beziehen und die Herstellung oder die Einordnung der Werke mehr oder weniger unmittelbar zum Gegenstand haben, die dagegen nicht darauf ausgehen, *das Schöne auf einem Weg einzuholen, der nicht in seinem eigenen Bereich gelegen ist*.

Vielleicht versteht man recht eigentlich nur das, was man selber hätte erfinden können. Pascal lehrt uns, daß er die Malerei nicht erfunden hätte. Er *sah* keine Notwendigkeit für eine Verdoppelung der unbedeutendsten Gegenstände durch ihre mühsam erarbeiteten Abbilder. Wie manches Mal hat jedoch dieser große Künstler des Wortes das *Zeichnen* bemüht, um in der Sprache das Porträt seiner Gedanken zu schaffen... Allerdings scheint er alle Willenskräfte, *mit Ausnahme einer einzigen*, in Bausch und Bogen zum Abfall geworfen und in allem, außer dem Tode, nur ein gemaltes Ding gesehen zu haben.

Was tat denn Immanuel Kant, als er seine Ethik und seine Ästhetik auf einen Mythos von der Universalität gründete, auf die Anwesenheit eines unfehlbaren und einmütigen Weltgefühls, auf die Macht in der Seele jedes Menschen hienieden? Und was haben alle Philosophen des Guten und Schönen getan? Schöpfer sind sie, die nicht

Es ist ziemlich einfach, bei Befolgung eines bestimmten Gedankengangs die Eitelkeit aller Dinge aufzuzeigen. Pascal hat einen Gemeinplatz der Kanzel aufgeputzt. Dieser deutet auf nichts anderes als ein Ekelempfinden physiologischen Ursprungs oder auf ein Vorhaben, mit wenig Kosten großen Eindruck auf die Gemüter zu machen. Der Schauder vor dem Leben, das Bild seiner Gebrechlichkeit, seiner Nöte, seiner Albernheit läßt sich ebenso leicht hervorrufen wie die erotischen Vorstellungen und die sinnlichen Begierden. Man braucht dazu nur andere *Worte*. (Aber steht wirklich fest, daß das erstgenannte Verfahren *edler* ist?) Ich füge hinzu (jedoch nur für wenige), daß der Wille, sich nicht von *Worten* gängeln zu lassen, in einer gewissen Beziehung zu der von mir so genannten oder annahmeweise so genannten *Reinen Poesie* steht.

um sich wissen, die nichts anderes zu tun meinen, als eine exaktere oder vollständigere Anschauung der Wirklichkeit an die Stelle einer groben oder oberflächlichen zu setzen, *während sie im Gegenteil erfinden*; und was sie, der eine durch subtiles Auseinanderlegen, der andere aus einem Trieb nach Ebenmaß und beide aus tiefer Liebe zu dem, *was sein kann*, leisten: was tun sie anderes als schaffen, wenn sie Probleme zu Problemen fügen, Wesenheiten zu Wesen, und den Hort der Spiele des Geistes und seiner willkürlichen Konstruktionen um neue Symbole, Entwicklungsformen und Formeln bereichern?

Der Philosoph hatte sich aufgemacht, um den Künstler in sich aufzunehmen, um zu *erklären*, was es mit Gefühl und Tun des Künstlers auf sich habe; jedoch das Gegenteil tritt ein und zutage; mitnichten umgreift und assimiliert die Philosophie unter der Gattung des Schönheitsbegriffs den Gesamtbereich schöpferischer Einbildungskraft, indem sie sich zur Mutter und Herrin der Ästhetik macht; es kommt vielmehr dazu, daß sie von der schöpferischen Phantasie ausgeht, daß sie ihre Rechtfertigung, ihren Frieden und ihre echte *Tiefe* nur noch in ihrer konstruktiven Kraft und in ihrer Freiheit einer abstrakten Dichtung findet. Einzig und allein die ästhetische Interpretation kann die ehrwürdigen Denkmäler der Metaphysik dem Bankrott ihrer mehr oder minder versteckten Postulate, der zerstörenden Einwirkung von Sprachanalyse und Logistik entreißen.

Vielleicht wird es zuerst recht schwerfallen, *als Künstler* gewisse Probleme zu durchdenken, an die man bisher als *Sucher nach Wahrheiten* herangegangen war, in schöne Lügen – in Fiktionen an sich – diese Leistungen aufrichtigster Aufgeschlossenheit verwandeln zu müssen. – *Welch ein Zustand*, wird man sagen, *und was für ein Zustand!*[43] Es heißt, meine Herren Philosophen, die Ruhe bewahren angesichts dieser Veränderung, die alles in allem ganz in der Ordnung ist. Ich würde darin nur eine Reform erblicken, wie sie der Gang der Dinge nun einmal erheischt, einen Wandel, den ich auf gewisse Art in der Frühgeschichte der Plastik vorgebildet finde. Es gab eine Zeit, da betrachtete man das Abbild eines Menschen oder eines Tieres, obwohl man es aus der Hand des Bildners hatte hervorgehen sehen, nicht nur als einen Abklatsch der lebendigen Vorbilder, mochte es auch ganz steif und plump sein, sondern gleichsam begabt mit übernatürlichen Kräften. Man schuf sich aus Stein oder Holz Götter, die nicht einmal wie Menschen aussahen; man hegte und verehrte diese Bildnisse, die Bildnissen nur ganz von ferne glichen; und das Seltsame dabei ist, daß sie um so mehr Verehrung genossen, je ungestalteter sie waren, was sich auch im Umgang der Kinder mit ihren Puppen und der Liebhaber mit ihren Geliebten beobachten läßt und ein tief bezeichnender Zug ist. (Vielleicht glauben wir von einem Gegenstand um so viel mehr Leben zu empfangen, als wir ihm zu geben genötigt sind.) Doch wie nun dieses mitgeteilte Leben sich allmählich mehr und mehr abschwächte und sich derart rohen Bildern versagte, geschah es, daß *das Idol schön wurde*. Unter dem Zwang der Kritik büßte es seine eingebildete Macht auf das Geschehen und die Geschöpfe ein und gewann dafür an augenfälliger Blickwirkung. Das Standbild wurde frei und wurde es selbst.

Darf ich, ohne Anstoß zu erregen, ohne das philosophische Empfinden grausam zu kränken, diese so vergötterten Wahrheiten, diese Prinzipien, diese Ideen, dieses Sein, diese Essenzen, diese Kategorien, diese Noumena, dieses Universum, diese ganze Völkerschaft von Begriffen, die nacheinander auf ihre Notwendigkeit gepocht haben, mit den Idolen, von denen ich sprach, vergleichen? Man lege sich heute die Frage vor, welche Philosophie im Verhältnis zur traditionellen Philosophie etwa dem entspräche, was eine Statue des fünften Jahrhunderts im Verhältnis zu den antlitzlosen Gottheiten sehr früher Jahrhunderte ist.

> Ja, alle diese Abstraktionen der traditionellen Philosophie kommen mir wie die Bildwerke von *Primitiven* vor. Es liegt, wenn ich so sagen darf, eine gewisse Naivität in den Begriffen und Problemen, die von ihr aufgestellt werden. Insbesondere erscheinen mir die Begriffe *Realität* und *Kausalität* sehr grob ...
> Abstrakte Worte *einzuführen*, ohne sie scharf zu bestimmen, und zwar in streng verbindlicher Weise zu bestimmen, erscheint mir anfechtbar.

Ich komme manchmal auf den Gedanken, es könnte – insofern Ideenkompositionen und abstrakte Konstruktionen ohne Vorspiegelungen und ohne Rückhalt an irgendwelchen Hypostasen im Begriffe sind, möglich und vertretbar zu werden – vielleicht der Fall eintreten, daß diese losgelöste Art zu philosophieren sich fruchtbarer und *wahrer* erweisen wird als jene, die sich an den primitiven Glauben an Erklärungen klammerte, und daß sie sich menschlicher und verführerischer darstellen wird als jene, die sich auf eine streng kritische Haltung versteift. Vielleicht wird sie imstande sein, in einem neuen Geist und mit einem völlig anderen Ehrgeiz die überlegene Arbeit wiederaufzunehmen, die sich die Metaphysik zur Aufgabe gemacht hatte, in der Richtung auf Ziele, die unter der Kritik sehr an Kraft eingebüßt haben. Die Mathematik hat sich schon seit langem von jedem Endzweck, der ihrer Selbstauffassung fremd ist, frei gemacht. Zu diesem Selbstbegriff aber hat sie die reine Entwicklung ihrer Technik geführt und das Bewußtsein von dem Eigenwert dieser Entwicklung; und alle Welt weiß, wie gerade diese Freiheit ihrer Kunst – die sie vom Wirklichen weitab in eine Welt von Spielereien, zweckfreien Kniffeligkeiten und eleganten Lösungen zu führen schien – sie wunderbar geschmeidigt und ihr die Waffen geliefert hat, um dem Physiker helfend an die Seite zu treten.

Sie hat in der losgelöstesten und bewußtesten Willkür das Mittel gefunden, um ihre *Kunst des Notwendigen* am zuverlässigsten zu entwickeln.

Eine Kunst der Ideen, eine Kunst von der Ordnung der Ideen oder von der Pluralität der Ideen: ist das ein völlig leerer Begriff? Ich halte es für erlaubt zu denken, daß nicht jede Baukunst konkret, nicht jede Musik tönend ist. Es gibt einen bestimmten Sinn für Ideen und ihre Analogien, der sich, wie mir scheint, ebenso betätigen und kultivieren läßt wie der Sinn für Ton oder Farbe; ja, ich würde, sollte ich eine Definition des Philosophen geben, sehr dazu neigen, ihm Ideenempfänglichkeit als vorherrschenden Grundzug seines Wesens beizulegen.

Ich glaube, daß man zum *Philosophen* geboren wird, so wie man zum *Bildhauer* oder *Musiker* geboren wird, und daß diese angeborene Gabe, der bislang die

Deshalb ist jede philosophische Lehre, der nicht eine Lehre von der Freiheit jeden Gei-

> stes, nicht nur hinsichtlich der *Lehrmeinungen*, sondern auch hinsichtlich der *Probleme* selbst, zur Seite geht, in meinen Augen antiphilosophisch.

> Es gilt, die Notwendigkeit einer Lust am Philosophieren zu schaffen.

> Und was können Denker dieser hohen

Jagd nach einer bestimmten *Wahrheit* oder *Wirklichkeit* den Vorwand lieferte, sich heute auf sich selber verlassen kann, nicht so sehr, um auf die Jagd zu gehen, als um schöpferisch zu werden. Der Philosoph würde sich damit in Freiheit Kräfte zunutze machen, die er unter Zwang erworben hat; und auf unendlich verschiedene Art, in unendlich verschiedenen Formen würde er die Kraft und die Fähigkeit, die sein ureigenes Teil sind, verschwinden – um abstrakte Dinge zum Leben und zur Wirkung zu bringen.

Nur so, durch den bloßen Geschmack an ihren ureigenen Harmonien, wären die *Noumena zu retten.*

Ich füge noch hinzu, daß sich für das, was ich in Form eines Zweifels geäußert habe, ein vortrefflicher Beweis führen läßt. Von einer bloßen Möglichkeit war bisher die Rede, doch braucht man nur das Schicksal der großen Systeme zu betrachten, um sie bereits verwirklicht zu finden. Mit was für Augen lesen wir die Philosophen, wer befragt sie noch wahrhaft in der Hoffnung, mehr bei ihnen zu finden als einen geistigen Genuß und eine Verstandesschulung? Wenn wir uns anschicken, sie zu lesen, geschieht es dann nicht mit dem Gefühl, daß wir uns für eine gewisse Zeit den Regeln eines schönen Spiels unterwerfen? Was würde denn aus diesen Meisterwerken einer Disziplin, in der sich kein Wahrheitsbeweis führen läßt, ohne diese Spielregel, der wir uns einem zuchtvollen Vergnügen zuliebe beugen? Wenn man einen Platon, einen Spinoza widerlegt, bleibt dann von ihren staunenswerten Konstruktionen gar nichts übrig? Gar nichts bleibt übrig, *sofern nicht Kunstwerke übrigbleiben.*

Art denn anderes *hoffen?*

Indessen sind abseits der Philosophie und an gewissen strategischen Punkten im Bereich geistiger Willenskraft ein paar vereinzelte Existenzen besonderer Art aufgetreten, von denen wir wissen, daß ihr abstraktes Denken, wenngleich es sehr geschult und aller Feinheiten und Tiefen mächtig war, nie das Streben nach Bildschöpfungen aus dem Auge verlor, daß es stets auf Anwendungen und sinnlich faßbare Beweise seiner geistigen Anschauung ausging. Es scheint, als hätten sie ein inneres Wissen von dem ständigen Austausch zwischen dem *Willkürlichen* und dem *Notwendigen* gehabt.
Leonardo da Vinci ist der überragende Typus dieser höheren Art von Einzelmenschen.

Ist es nicht überaus bemerkenswert, daß sein Name auf der Ehrentafel der anerkannten und von der Überlieferung unter diesem Namen eingestuften Philosophen fehlt?[44]
Gewiß läßt sich diese Ausklammerung aus dem Fehlen abgeschlossener und im förmlichen Sinne philosophischer Texte erklären. Überdies stellt sich die Menge der von Leonardo hinterlassenen *Notizen* als ein simultanes Ganzes dar, das uns über die Ordnung der Fragen in seinem Geist im unklaren läßt. Man kann hinsichtlich der Rangeinteilung seiner Wissensbegierden und seiner Absichten in Zweifel geraten; hat er doch selber, wie es scheint, seinen

Montaigne ist ebenfalls nicht vertreten.
Ein Mensch, der auf alle Fragen des philosophischen Fragebogens die Antwort *Ich weiß nicht* gäbe, würde nicht die Bezeichnung Philosoph erhalten.[45]
Und doch...

Eifer je nach Laune und Umständen an die verschiedensten Gegenstände verschwendet, so daß er wohl gar den mir keineswegs unliebsamen Eindruck eines Condottiere macht, der sich reihum bei sämtlichen Musen verdingt.

Aber, wie bereits oben gesagt: das sichtbare Vorhandensein einer bestimmten Ideenordnung ist das Kennzeichen des qualifizierten Philosophen, der als zuständig *für Qualitäten* in die Philosophiegeschichte eingeht (eine Geschichte, die sich nur mit Hilfe gewisser Konventionen aufstellen läßt, unter denen eine *notgedrungen willkürliche* Definition des Philosophen und der Philosophie obenan steht). So müßte also Leonardo ausgeschlossen bleiben, weil er kein ausgesprochenes Denksystem vorzuweisen hat und außerdem – sagen wir es ruhig! – kein *leicht resümierbares* Exposé, das Klassifizierung und Vergleich des Hauptkerns seiner Anschauung mit anderen Systemen Problem für Problem erlauben würde.

Jedoch: ich gehe noch weiter und gestatte mir, ihn aufgrund noch greifbarerer Ursachen und hervorstechenderer Züge, als es diese bloß negativen Umstände sind, von den Philosophen zu scheiden. Sehen wir zu oder stellen wir uns vor, worin sein geistiger Akt sich von dem ihren eindeutig unterscheidet, mag er ihm zuweilen auch sehr ähnlich sehen.

Wer den Philosophen beobachtet, stellt fest, daß er auf die sehr einfache Absicht ausgeht, *Denkergebnisse in Aussageform zu bringen*. Er versucht, ein *Wissen* zu erstel-

> Vergessen wir nicht, daß von dem großen Ruhm eines Mannes verlangt wird, daß man an sein Verdienst *in ein paar Worten* erinnern kann.

len, das seinen Ausdruck und seine Übermittlung voll und ganz in der *Sprache* findet.

Dagegen ist für Leonardo die Sprache nicht alles. Das Wissen steht ihm nicht für alles; vielleicht ist es ihm nur ein Mittel. Leonardo zeichnet, rechnet, baut, verziert, nimmt alle Arten von Stoffen in Gebrauch, die Ideen dulden und Ideen auf die Probe stellen und ihnen Gelegenheit bieten, auf unvorhergesehene Art von den Dingen abzuprallen, da ihnen hier ein fremder Widerstand in den Weg tritt, samt den Bedingungen einer anderen Welt, die keine Vorausschau, kein Vorwissen in einem rein geistigen Schema vorsorglich unterzubringen erlaubt. *Wissen* allein genügt dieser vielstimmigen und willensstarken Natur nicht; ihr geht es um das *Können*. Leonardo legt keinen Schnitt zwischen Verstehen und Schaffen. Er unterscheidet nicht gern zwischen Theorie und Praxis, zwischen der Spekulation und dem äußeren Kraftgewinn, auch nicht zwischen dem Wahren und dem Bewährbaren und jener Spielart des Bewährbaren: den handwerklichen und maschinellen Konstruktionen.

Insofern ist dieser Mensch ein rechtmäßiger und unmittelbarer Vorläufer der allermodernsten Wissenschaft. Wer sieht nicht, daß diese immer mehr dazu neigt, im Gewinn und Besitz von Macht aufzugehen? Ich wage sie folglich so zu definieren, denn diese Definition *steckt in uns*, wie wir uns auch anstellen mögen. Ich sage: *daß die Wissenschaft die Gesamtheit der Re-*

Die Wissenschaft, im *modernen Wortsinn*, besteht darin, das Wissen vom Können abhängen zu lassen; und sie geht so weit, das Verstehen dem Feststellbaren unterzuordnen. Ihr Vertrauen beruht einzig und allein auf der Gewißheit, ein bestimmtes Phänomen mittels bestimmter wohldefinierter *Handlungs*schritte reproduzieren oder wiedersehen zu können. Was die Beschreibung, die *Erklärung* des Phänomens angeht, so haben wir hier den veränderlichen, diskutierbaren, perfektionierbaren Teil des Wachstums oder der Darlegung der Wissenschaft.

zepte und Verfahren ist, die immer gelingen, und daß sie sich in fortschreitendem Maße auf eine *Tafel der Entsprechungen zwischen unseren Handlungen und den Erscheinungen* zubewegt, eine Tafel immer schärfer gefaßter und vielseitigerer Entsprechungen, die in die genauesten und rationellsten Bezeichnungssysteme eingetragen werden.[46]

Die Unfehlbarkeit in der Vorhersage ist in der Tat das einzige Kennzeichen, dem der moderne Wissenschaftler einen nicht konventionellen Wert zuerkennt. Er ist versucht zu sagen: *alles andere ist Literatur*, und zu diesem anderen rechnet er alle Erklärungen und alle *Theorien*. Nicht als ob er sich über ihre Nützlichkeit, ja sogar ihre Notwendigkeit täuschte. Hat er doch gelernt, sie als Mittel und Werkzeuge zu betrachten, als Überbrückungshilfen, als Formen tastenden Vorgehens, als provisorische Modi, die mit Zeichen und Bildkombinationen, mit logischen Versuchen auf die entscheidende Endwahrnehmung vorbereiten.

Er hat gesehen, wie im Laufe weniger Jahrzehnte nacheinander und sogar gleichzeitig widersprechende Thesen von gleicher Fruchtbarkeit am Ruder waren, Lehrmeinungen und Methoden, deren Prinzipien und theoretische Ansprüche sich opponierend verhielten und gegenseitig aufhoben, indessen ihre positiven Ergebnisse dem erworbenen Vermögen zugute kamen. Er hat gelernt, die *Gesetze* mehr oder minder *bequemen Konventionen* anzugleichen; er weiß auch, daß eine große Zahl eben dieser Gesetze um ihren reinen und essentiellen Charakter gekommen und auf die Stufe bloßer Wahrscheinlichkeiten abgesunken ist, das heißt, daß ihre Gültigkeit nur noch nach der Skala unserer Beobachtungen bemessen werden kann. Er kennt endlich auch die immer zunehmenden, schon nahezu unüberwindlichen Schwierigkeiten, sich eine *Welt* vorzustellen, die wir zwar vermuten, die eine Denknotwendigkeit ist, die aber auf dem Umweg über eine Reihe von Relais und sinnlich erfaßbaren indirekten Konsequenzen analytisch aufgebaut ist, das heißt mittels einer Analyse, deren Ergebnisse, wenn man sie in die gewöhnliche Sprache übersetzt, wegen ihres Verzichts auf Anschauungselemente bestürzend sind – insofern diese Welt ja die Substanz ihrer Substanz sein soll –, eine Welt, die aufgrund einer Art von Einschmelzung sämtlicher Kategorien *existiert und nicht existiert*. Aber dieses ganze schrecklich wandelbare Wissen, diese unmenschlichen Hypothesen, diese mit dem Erkennenden unvergleichbare Erkenntnis hinterlassen gleichwohl ein immer größeres und unbestechliches Kapital an Tatsachenwissen sowie an Verfahren, Tatsachen zu erzeugen, das heißt an *Vermögen*.

Mithin kann die Arbeit des Geistes nicht mehr eine letzte Schau zum Ziel haben, schon deren Idee hat keinen Sinn mehr (oder aber ihr Sinn müßte sich mehr und mehr einer theologischen Anschauung nähern und würde einen mit uns inkommensurablen Beobachter erfordern); im Gegenteil: dem Geist selber erscheint seine Arbeit als *vermittelnde Tätigkeit zwischen*

Hierin liegt die Begründung des echten Wissens. Die Lehrsätze dieses echten Wissens sollen nur Tatformeln sein: tut das, tut jenes. Darin besteht das *Vermögen*, das heißt in einer bestimmten äußeren Umwandlung, die an eine bewußte innere Modifikation geknüpft ist.

zwei Erfahrungen oder zwei Erfahrungszuständen: von denen der erste *gegeben*, der zweite *vorhergesagt* ist.

Ein derartiges Wissen entfernt sich nie von den Arbeitsvorgängen sowie den Ausführungs- und Kontrollwerkzeugen, über die hinaus es übrigens *keinerlei Sinn gibt*; wenn es sich dagegen auf sie stützt und sich in jedem Augenblick auf sie bezieht, ist es umgekehrt in der Lage, jedem anderen Wissen jeglichen Sinn abzusprechen, nämlich jedem Wissen, das lediglich der Aussage entspringt und nur zu Ideen unterwegs ist.

Unsere Zeit hat erlebt, wie die *Naturwissenschaften* mit ihrer vielfältigen Erkenntnis die Metaphysik auf die jäheste und manchmal auf die komischste Art überrumpelt haben. Das hat mich auf den Gedanken gebracht, daß ich als Philosoph danach trachten müßte, mein philosophisches Denken unabhängig zu machen von sämtlichen Erkenntnissen, die eine neue Erfahrung möglicherweise über den Haufen wirft.

Was wird also aus der Philosophie, die von Entdeckungen umlagert und heimgesucht ist, deren Unvorhersehbarkeit zu den größten Zweifeln Anlaß gibt hinsichtlich der Tauglichkeit und Gültigkeit von Ideen und Ableitungen des rein auf sich selber verwiesenen Geistes in seiner Auseinandersetzung mit der Welt? Was wird aus ihr, wenn sie – auf der einen Seite ständig bedrängt, überrannt und ertappt von der wilden Betriebsamkeit der Naturwissenschaften – sich auf der anderen Seite in ihren ältesten, eingefleischtesten (und vielleicht am wenigsten anfechtbaren) Gewohnheiten beunruhigt und bedroht sieht durch die schrittweisen und ins einzelne gehenden Untersuchungen von Philologen und Linguisten? Was wird aus: *Ich denke*, und was wird aus: *Ich bin*? Was wird oder wird von neuem aus jenem nichtigen und geheimnisvollen Verbum SEIN, das auf eine so ansehnliche Karriere im Leeren zurückblicken kann? Sehr gedankenreiche

Künstler haben dieser einfachen Silbe, die nach Schwund und Abnützung ihrer ursprünglichen Bedeutung ihre eigenartig erfolgreiche Laufbahn angetreten hat, eine Unmenge von Fragen und Antworten abgenötigt.

Wenn man also unsere Denkgewohnheiten ganz außer acht läßt und sich auf das beschränkt, was gegenwärtig in der Verfassung des Geistes hervortritt, ist es nicht schwer zu beobachten, daß die Philosophie, die sich durch ein Werk, das ein *geschriebenes Werk* ist, definiert, objektiv betrachtet eine Sondergattung der Literatur ist, ausgezeichnet durch gewisse Themen und die Häufigkeit gewisser Begriffe und gewisser Formen. Diese so eigenartige Gattung geistiger Tätigkeit und wortgebundener Leistung erhebt jedoch aufgrund der Allgemeinheit ihrer Gesichtspunkte und ihrer Formeln Anspruch auf einen höchsten Standort; aber da sie in der Außenwelt auf keine Weise bewahrheitet werden kann, da sie nicht auf die Einsetzung irgendeines *Vermögens* abzielt, da selbst jene Allgemeinheit, auf die sie sich beruft, nicht als transitorisch angesehen werden darf und weder als ein Mittel noch als ein Ausdruck feststellbarer Resultate auftritt, sondern sich als *Selbstzweck* ausgibt, können wir nicht umhin, sie nicht sehr weitab von der Dichtung anzusiedeln...

Aber diese Künstler mißverstehen sich selber und wollen keine sein. Gewiß huldigen sie nicht wie die Dichter der Kunst, mit tönenden Wortklängen Mißbrauch zu treiben; vielmehr spekuliert ihre Kunst auf einen absoluten, von ihren Sinnen isolierbaren Wert. *Was ist die Wirklichkeit?* fragt sich der Philosoph, und: *Was ist die Freiheit?* Er nimmt eine Haltung ein, als wüßte er nicht um den zugleich metaphorischen, sozialen und statistischen Ursprung dieser Namen, deren Hinüberschillern in undefinierbare Sinnbedeutungen ihm die Ermächtigung verschafft, aus seinem Geist die tiefsten und subtilsten Kombinationen zu schöpfen. Für ihn endet seine Frage nicht damit, daß er der baren Geschichte eines Wortes durch die Jahrhunderte nachgeht und im einzelnen die Mißverständnisse, die bildlichen Verwendungen, die Sonderbedeutungen an sich vorbeiziehen läßt, deren Vielzahl und Zusammenhanglosigkeit bewirkt, daß ein armseliges Wort so umfassend und geheimnisvoll wird wie ein lebendiges Wesen und wie ein lebendiges Wesen zu einer fast bedrängenden Neugier reizt, daß es sich jeder eindeutigen Analyse entzieht und als ein Zufallsgeschöpf der einfachsten Bedürfnisse, als ehemaliges Hilfsmittel landläufigen Umgangsverkehrs und unmittelbaren Austauschs sich zu überaus hohen Bestimmungen erhebt, um das gesamte Fragevermögen und den gesamten Vorrat an Antworten, deren ein bewundernswert wachsamer Geist fähig ist, anzureizen. Dieses Wort, dieses Nichts, dieses Zufallsmittel eines namenlosen Schöpfers hat sich durch die Besinnung und die Dialektik einiger weniger in ein außerordentliches Werkzeug verwandelt, dazu geschaffen, den Gesamtverband aller Gedankengruppen zu durchwirken, gleichsam ein Schlüssel, der alle Federn eines denkfähigen Kopfes aufzuziehen und

Man muß sich klarmachen, daß es die besondere Eigenschaft der größten Philosophen ist, den unmittelbaren Problemen, wie die Beobachtung sie aufgibt, Probleme der Interpretation hinzuzufügen.
Jeder von ihnen bringt eine Terminologie mit, und in keinem Falle sind die eingeführten Termini hinreichend definiert.

dem Verlangen, alles zu wissen, Abgründe der Bereitschaft zu erschließen vermag.

Nun besteht aber die Leistung eines Künstlers im Grunde darin, aus nichts etwas zu machen. Und was kann es *Persönlicheres* geben, was kann für eine Person und ihre individuelle Note bezeichnender sein als diese Arbeit des Philosophen, wenn er in die gewöhnliche Ausdrucksweise tausend Schwierigkeiten einschaltet, von denen die Leute, die diese Ausdrucksweise geschaffen haben, sich nichts träumen ließen, wenn er Zweifel und Beunruhigung hervorruft, Antinomien entdeckt und die Denkgewohnheiten des Geistes durch ein ganzes Spiel von Substitutionen verblüfft, die bestürzen und sich zur Geltung bringen?... Was kann es unter dem Anschein des Universalen Persönlicheres geben?

Das Wort: Mittel und Zweck des Philosophen; das Wort, sein gemeiner Stoff, auf den er bläst und den er in seiner Tiefe aufwühlt: für Leonardo war es nur das geringste unter seinen Mitteln. Bekanntlich dient ihm sogar die Mathematik, die im Grunde nichts anderes ist als eine exakt geregelte Redeform, nur als ein vorübergehender Behelf. »Die Mechanik«, sagte er, »ist das Paradies der mathematischen Wissenschaften.« (Ein Gedanke, der schon ganz an Descartes anklingt, wie auch sein ständiges Bemühen um eine physikalische Physiologie cartesisch war.)

Damit schlug er einen Weg ein, auf dem unser Geist sich heute bewegt.

Der Gedanke vom Automatismus des Tieres, den Descartes geäußert hat und der ein auffallendes Element seiner *Philosophie* ist, tritt um vieles nachdrücklicher bei Leonardo hervor. Bei

Doch er entstammte einer Zeit, die nicht so wie unsere daran interessiert oder daran gewöhnt war, das Nützliche oder das Angenehme oder das Aufregende mit dem zu vermischen, *was einen Zustand des Widerklingens der harmonischen Wechselwirkung zwischen den Sinnesempfindungen, den Wünschen, den Bewegungen und den Gedanken hervorruft*. Nicht was die körperliche Bequemlichkeit erhöht und ihr Zeit und Mühe erspart, stand im Mittelpunkt; auch nicht nach dem, was die sinnlich empfindende Seele überrascht und erregt, stand das Verlangen; vielmehr ging es um die Erhöhung und Vervielfältigung der Sinnenlust durch die Kunstfertigkeit und die Berechnungen der Intelligenz, um die Krönung einer so hohen Lust durch die Einführung einer bestimmten erlesenen und köstlichen *Spiritualität*. Die Renaissance verstand es, zwischen den Faunen und den Engeln sehr menschliche Verbindungen zu stiften.

Und damit komme ich zu dem Punkt, der am schwersten zu erklären ist und dem Verständnis am härtesten eingeht.

Dies nämlich erscheint mir an Leonardo das Wundersamste, das ihn mit den Philosophen auf noch viel seltsamere Art entzweit und verbindet als alles, was ich bisher über ihn und über sie gesagt habe. Leonardo ist Maler: und *ich behaupte, daß die Malerei seine Philosophie ist*. Er hat es sogar selber ausgesprochen; und er redet malerisch, wie man philosophisch redet; das heißt, er bezieht auf die Malerei alles. Er macht sich von dieser Kunst (die vom Denken aus gesehen so einzigartig und so

---

ihm findet er sich gewissermaßen »in actu« vor. Ich weiß nicht, ob vor ihm je einem Menschen eingefallen ist, die Lebewesen mit den Augen des Mechanikers zu betrachten. Die Standfestigkeit, die Fortbewegung, die Atmung: alles setzt sich ihm in mechanische Vorgänge um. Er war in höherem Maße Anatom und Ingenieur als Descartes. Das Trachten nach dem Automaten, nach Erkenntnis durch Konstruktion behauptete in seinem Denken die oberste Stelle.

Denn seine Malerei verlangt stets von ihm eine ins einzelne ge-

wenig dazu gemacht scheint, die gesamte Intelligenz zu befriedigen) eine übermäßige Vorstellung: er erblickt in ihr ein letztes Ziel universalen geistigen Strebens. So hat in unserer Zeit insbesondere Mallarmé den Gedanken vertreten, daß die Welt dazu da sei, um in Ausdruck verwandelt zu werden, und daß nach Maßgabe dichterischer Mittel alle Dinge dorthin gelangen würden.[47]

Malen ist für Leonardo ein Vorgang, der alle Erkenntnisse und nahezu alle Techniken erheischt: Geometrie, Dynamik, Geologie, Physiologie. Um eine Schlacht darzustellen, muß man Wirbelstürme und aufwirbelnden Staub studiert haben; und zwar will er sie nicht eher darstellen, als bis er sie mit Augen beobachtet hat, deren Gespanntheit wissend und von der Erkenntnis ihrer Gesetze gleichsam durchdrungen ist. Eine Person ist eine Synthese von Forschungen, die vom Sezieren bis zur Psychologie reichen. Mit köstlicher Präzision verzeichnet er die Haltung des Körpers je nach Alter oder Geschlecht, so wie er andererseits die Tätigkeiten bestimmter Berufe analysiert. Angesichts seines Willens, die Formen aus ihren Ursachen zu erfassen, sind sich alle Dinge gewissermaßen gleich. Er setzt sich sozusagen vom Anschein der Dinge her in Bewegung; er führt ihre morphologischen Merkmale auf Kräftesysteme zurück oder versucht es doch zumindest; und diese erkannten – *erlebten* – und durchdachten Systeme ergänzt oder vielmehr erweitert er, indem er ihre Bewegung in Zeichnung oder Gemälde umsetzt, hier erntet er dann die ganze

hende und vorgängige Analyse der darzustellenden Gegenstände, eine Analyse, die sich durchaus nicht nur auf die sichtbaren Merkmale beschränkt, sondern die ins Innerste oder Organische vordringt, bis zur Physik, zur Physiologie, zur Psychologie, so daß sein Geist am Ende sozusagen *darauf gefaßt* ist, die aus der verborgenen Struktur hervorgehenden sichtbaren Eigenschaften des Modells wahrzunehmen.

Von Benvenuto Cellini erfahren wir, daß Leonardo der erste war, der die organischen Formen in ihrer Anpassung an funktionelle Aufgaben *bewunderte*.[48] Er hat uns die eigenartige Schönheit gewisser Knochen (des Schulterblatts) und Gelenke (die Verbindung zwischen Arm und Hand) erschlossen.
Eine ganz moderne Ästhetik gründet sich auf dieses Prinzip der Anpassung. Die Griechen hatten nur an die optischen Wirkungen gedacht.

Das geistige Vergnügen, das sie der in den Formen steckenden Funktion abgewannen, stand für sie nicht *isoliert* da. Und doch hat man zu allen Zeiten Waffen und Werkzeuge hergestellt, die *perfekt* waren.

Als ich dazu kam, Leonardo da Vinci zu beobachten, sah ich in ihm den Typus dieser Leistung, die so bewußt ist, daß Kunst und Wissenschaft sich unauflöslich in ihr vermählen, den Musterfall eines Kunstsystems, das sich auf die Analyse schlechthin gründet und jedesmal, wenn es ein *besonderes* Werk schafft, darauf bedacht ist, es nur aus feststellbaren Elementen zu bilden.
Die Analyse bringt Leonardo dahin, seinen Maldrang bis zur Neugier auf alle Erscheinungen, auch die nicht sichtbaren, auszudehnen, da ihm keine für die Malkunst unerheblich erscheint,

Frucht seiner Mühe. So hat er eine Ansicht oder einen Entwurf von Lebewesen auf dem Wege einer tiefgehenden und allseitigen Analyse ihrer Eigenschaften neu geschaffen.
Aber wozu dient ihm bei alldem die Sprache? – Sie dient ihm eben auch nur als Werkzeug, im gleichen Sinne wie die Zahlen. Sie ist für ihn nur ein Hilfsmittel, ein Begleitumstand seiner Arbeit und spielt im Hinblick auf die Unternehmungen, nach denen ihn gelüstet, dieselbe Rolle wie manchmal die Kritzeleien am Rande für die *Schreibenden*, wenn sie nach dem richtigen Ausdruck suchen.
Leonardo findet aufs Ganze gesehen im gemalten Kunstwerk alle die Probleme, die das Hinarbeiten auf eine Synthese der Natur dem Geist stellen kann, und einige andere mehr.

Ist er also ein Philosoph, oder ist er keiner?

Stände hier nur das Wort in Frage ... Aber es geht um etwas ganz anderes als die Wahl einer reichlich unbestimmten Benennung. Was mich an dem Punkt verweilen läßt, wo das schöne Attribut Philosoph nicht weiß, ob es sich auf einen Namen, den so viele *nichtschriftliche* Werke verherrlicht haben, niederlassen soll, ist das Problem, wie sich die Gesamttätigkeit des Geistes zu der Ausdrucksart, die er erwählt, verhält, das Verhältnis, heißt das, zwischen der Gesamttätigkeit und *jener Art von Leistungen, die ihm das Gefühl seiner Stärke am nachdrücklichsten verschaffen*, mitsamt *den äußeren Widerständen, die er auf sich nimmt*.

Im besonderen Fall Leonardo da Vincis stehen wir vor einer jener merkwürdigen Koinzidenzen, die uns zu einer Revision unserer Denkgewohnheiten zwingen und uns gleichsam aus dem Schlaf überkommener Ideen zu geschärfter Aufmerksamkeit erwachen lassen.

Mit scheint, man kann mit ziemlicher Sicherheit von ihm behaupten, daß die Stellung, die im Leben eines anderen Geistes die Philosophie einnimmt – die Philosophie mit ihrem tiefgehenden Anspruch, der ins Allgemeine gehenden Wißbegierde, dem Bedürfnis nach einer großen Anzahl von Tatsachen, die sie behält und sich anverwandelt, dem fortwährenden Dringen auf Ursachen –, *genau dem ständigen Bemühen um das gemalte Werk entspricht, das bei Leonardo ihre Stelle vertritt.*

so wie diese ihm von Wert schien für die Erkenntnis im allgemeinen.

Diese bemerkenswerte Wechselwirkung zwischen dem Herstellen und dem Wissen, wobei die erste für die zweite Tätigkeit Bürgschaft leistet, ist kennzeichnend für Leonardo; sie tritt in Gegensatz zur reinen Wortwissenschaft und hat sich zuletzt im gegenwärtigen Zeitraum durchgesetzt, sehr auf Kosten der Philosophie, die als etwas Unvollständiges erscheint.

Das kränkt uns in sehr alten Unterscheidungen und setzt der Philosophie nicht weniger zu als der Malerei, so wie sie sich in unserer Vorstellung darstellen und scheiden.

Gemessen an unseren Gewohnheiten, erscheint uns Leonardo als eine Art Monstrum, als Zentaur oder Chimäre, aufgrund der zweideutigen Gattung, die er in den Augen von Geistern vertritt, die sich die Zerteilung unserer Natur allzu beflissen angelegen sein ließen, so daß sie den Philosophen ohne Hände und Augen erblicken und die Künstler mit derart eingeschrumpften Köpfen, daß nur noch die Instinkte darin Platz finden...

Man muß jedoch versuchen, diese seltsame Entthronung der Philosophie zugunsten der Pflege einer bildenden Kunst verständlich zu machen. Halten wir zunächst fest, daß von einer Erörterung der *intimsten* Zustände oder Vorgänge keine Rede sein kann; denn im Bereich des Inneren oder im entscheidenden seelischen Augenblick sind die Unterschiede zwischen Philosoph und Künstler notwendigerweise unbestimmt oder gar nicht vorhanden. Wir sind also gezwungen, uns an das zu halten, was sichtbar ist, was sich unterscheidet und einen *objektiven* Gegensatz bildet, und hier bestätigt sich abermals, was wir schon vorhin beobachtet haben: das Grundproblem der Rolle der Sprache. Wenn die Philosophie vom sprachlichen Ausdruck unabtrennbar, wenn dieser Ausdruck das Endziel jedes Philosophen ist, dann ist Leonardo, dessen Endziel die Malerei ist, kein Philosoph, obwohl er die meisten Wesenszüge eines Philosophen an sich trägt. Wir sind dann aber auch gezwungen, aus diesem Urteil alle Konsequenzen zu ziehen, unter denen sich recht einschneidende befinden. Ich will davon einen Begriff geben.

Der Philosoph *beschreibt*, was er gedacht hat. Ein philosophisches System ist im wesentlichen eine Klassifizierung von Worten oder eine Aufstellung von Definitionen. Die Logik ist nichts anderes als die Permanenz der Eigenschaften dieser Aufstellung und die Art, von ihnen Gebrauch zu machen. Daran sind wir nun einmal gewöhnt, und insofern können wir nicht umhin, der artikulierten Sprache eine Sonder- und Zentralstellung in der Verwal-

Die Logik ist in der gewöhnlichen Sprache von nur geringer Brauchbarkeit, das heißt in der Sprache ohne letztgültige Definitionen.[49]

tung unserer geistigen Anliegen einzuräumen. Ganz gewiß kommt ihr diese Stellung zu, ist diese Sprache, wenngleich aus zahllosen Konventionen bestehend, nahezu *wir selber*. Wir können ohne sie kaum *denken* und können ohne sie unser Denken weder leiten noch bewahren, noch können wir wiederaufnehmen, was wir gedacht haben, und vor allem... wir können es nicht in gewissem Maße *voraussehen*.

Aber schauen wir ein bißchen näher zu; schauen wir in uns selber. Sobald unser Denken dazu neigt, in die Tiefe zu gehen, das heißt seinem Gegenstand näherzukommen, in dem Bestreben, auf die Dinge selber einzuwirken (sofern es sich auf Dinge richtet) und nicht mehr bloß auf *irgendwelche* Zeichen, die nur eine oberflächliche Vorstellung von Sachen vermitteln, sobald wir dieses Denken leben, spüren wir, wie es sich von jeder Sprachkonvention ablöst. Wie dicht auch die Sprache mit unserer lebenden Anwesenheit verwoben sein mag, wie *dicht* beieinander ihre *Treffchancen* liegen mögen, wie geschult unser sprachliches Vermögen sein mag, wie fertig in der Bedienung dieses vorliegenden Systems und wie rasch zur Stelle: so können wir es doch durch einen Willensakt, durch eine Art *Vergrößerung* oder eine Art *Beschleunigung der Dauer* von unserem in Bereitschaft liegenden geistigen Leben abhalten. Wir fühlen, daß uns die Worte mangeln, und wir sind uns bewußt, daß kein Grund dafür spricht, daß welche da sind, um uns zu antworten... das heißt: um *für uns einzutreten*, denn die Macht der

Worte (und daraus entspringt ihr Nutzen) besteht darin, daß sie uns wieder in die *Nachbarschaft* schon erlebter Zustände bringen, daß sie die *Wiederholung* regulieren oder stiften – wie aber, wenn wir auf einmal in jenes geistige Leben einmünden, *das sich nie wiederholt?* Vielleicht heißt ebendies *tief denken*, was nicht soviel heißt wie: nützlicher, exakter, vollständiger denken als gewöhnlich; sondern was heißt: ins Weite denken, *so weitab wie möglich vom Automatismus des Wortes denken.* Dann erleben wir, daß Wortschatz und Grammatik fremdartige Gaben sind: *res inter alios actas.*[50] Wir werden auf unmittelbare Weise gewahr, daß die Sprache, wie organisch und unentbehrlich sie auch sein mag, in der Welt des Denkens *nichts* ausrichten kann, wo *nichts* seine transitive Natur gefangennimmt. Unser Bewußtsein erkennt in ihr etwas, das von uns unterschieden ist. Unsere Strenge und unsere Leidenschaft stellen uns zu ihr in Gegensatz.

Das heißt den Wert der ersten Gegebenheiten unseres Denkens in Frage stellen, indem man auf die bewußte *Daseinsdauer* dieser Gegebenheiten einwirkt.

Und doch haben die Philosophen den Versuch unternommen, ihre Sprache auf ihr tiefinneres Leben zu beziehen, sie neu einzuteilen, sie je nach den Erfordernissen ihrer einsamen Erfahrung leidlich zu vervollständigen, um ein noch subtileres Mittel aus ihr zu machen, das mit noch größerer Gewißheit *Erkenntnis* und *das Wiedererkennen von Erkenntnis*[51] vermitteln soll. Man könnte sich unter der Philosophie die Haltung, die Erwartung, die Nötigung vorstellen, die manchmal einen Menschen in die Lage versetzen, sein Leben zu denken oder sein Denken zu leben,

Jedes Denken verlangt, daß man etwas für etwas anderes nimmt: eine *Sekunde* für ein *Jahr*.

wobei eine Art Gleichwertigkeit oder Reversibilität von *Sein* und *Erkennen* eintritt und wo bei dem Bestreben, jeden konventionellen Ausdruck fernzuhalten, sich ein Vorgefühl einstellt, wie eine Fügung, kostbarer als alle anderen, sich ordnet und erhellt, eine Fügung aus jenem Wirklichen, das dieser Mensch in sich selber aufsteigen fühlt, und einem anderen, dessen bereiter Empfänger er ist.

Aber das Wesen der Sprache steht in genauem Widerspruch zum glücklichen Gelingen dieses großen Strebens, an dem sich alle Philosophen versucht haben. Die stärksten haben sich in dem Bemühen, *ihr Denken zum Sprechen zu bringen*, verzehrt. Vergeblich haben sie bestimmte Worte geschaffen oder umgeschaffen; uns ihren inneren Zustand zu vermitteln ist ihnen nicht geglückt. Mag es sich um die Ideen handeln, um die Dynamis, um das Sein, das Noumenon, das Cogito oder das Ich: all das sind bloße *Chiffren*, die ausschließlich durch einen Zusammenhang determiniert sind, und so ist es denn im Grunde eine Art von persönlicher Schöpfung, wenn ihr Leser – wie es auch beim Lesen von Dichtern der Fall ist – Werke mit Lebenskraft begabt, in denen die gewöhnliche Rede dazu gebracht wird, Dinge auszudrücken, die sich die Menschen untereinander nicht sagen können und die im Bereich des tönenden Wortes kein Dasein haben.

> Nicht ein einziges Problem ließ sich in der Philosophie auf eine Art in Worte fassen, die an seinem Vorhandensein keinen Zweifel ließ.

Man ersieht daraus: wenn man die Philosophie insgesamt auf den sprachlichen

Ausdruck gründet und ihr gleichzeitig die Freiheiten und sogar – die Hemmungen, die den Künsten gebühren, versagt, besteht die Gefahr, daß man sie auf die verschiedenerlei Arten der *Gebetsverrichtung* von ein paar bewundernswerten Einzelgängern beschränkt. Übrigens hat man noch nie zwei Philosophen gefunden, die miteinander vereinbar waren, und man kann sie sich nicht einmal vorstellen; und ebensowenig eine Lehre, die eine einzige und immergleiche Deutung zugelassen hätte.

Noch etwas anderes läßt sich im Hinblick auf das Verhältnis zwischen der philosophischen Tätigkeit und dem Wort beobachten; es ist eine reine Tatsache, die ich hervorhebe.

Halten wir einfach Umschau und sehen wir zu, wie sich die Bedeutung der Sprache auf allen Gebieten verringert, auf denen sich gleichzeitig eine Zunahme an Genauigkeit bemerkbar macht. Zweifellos wird die gemeinverständliche Sprache stets die Rolle eines einführenden und allgemeinen Instruments im Leben der inneren und äußeren Beziehungen spielen; sie wird stets die Lehrmeisterin der anderen bewußt geschaffenen Sprachen sein, sie wird Menschen, die noch nicht spezialisiert sind, diesen starken präzisen Mechanismen anpassen. Doch nimmt sie im Gegensatz zu ihnen allmählich den Charakter einer ersten und großen Annäherung an. Ihre Rolle schrumpft angesichts der Ausbildung von Notationssystemen, die in jedem Falle reiner und einer einzigen Ver-

> Doch läßt sich beobachten, daß diese Anpassung häufig alles andere als zufriedenstellend ist. Man vergleiche die Definitionen des *Punktes*, der *Linie*, des *Verhältnisses* usw.

wendung angepaßt sind. Darüber hinaus aber entspricht jedem Grad dieser Einschnürung eine Einengung des ehemaligen Horizonts der Philosophie... Alles, was in einer Welt, die es auf Präzision angelegt hat, an Schärfe gewinnt, läßt sich mit ihren primitiven Ausdrucksmitteln nicht mehr fassen.

Es gibt (bis heute) keine Philosophie, die einer genauen Prüfung ihrer *Definitionen* standhält.

In gewissen sehr bemerkenswerten Fällen geschieht es schon heute, daß an die Stelle des in unterscheidende und willkürliche Zeichen übersetzten Ausdrucks die Spur der Dinge selber tritt oder die Übertragungen oder Aufzeichnungen, die unmittelbar von ihr herstammen. Die große Erfindung, Gesetze augenfällig und für den Gesichtssinn gewissermaßen lesbar zu machen, ist in die Erkenntnis eingegangen und *verdoppelt* sozusagen die Erfahrungswelt um eine sichtbare Welt von Kurven, Oberfächen, Diagrammen, in der sich die Eigenschaften in Figuren niederschlagen, bei deren Anblick, wenn wir ihrem Beugungswinkel mit dem Auge folgen, wir beim Innewerden dieser Bewegung das Gefühl der Schwankungen einer Größe haben. Die *graphische* Darstellung ist eines Inhalts mächtig, vor dem das Wort ohnmächtig ist; sie übertrifft es an Evidenz und an Genauigkeit. Gewiß wird sie vom Wort ins Dasein gerufen; das Wort verleiht ihr einen Sinn und interpretiert sie; aber es ist nicht mehr das Wort, in dem sich der Akt geistiger Besitzergreifung vollzieht. Man sieht, wie sich nach und nach eine Art Ideographie der figürlich dargestellten Relationen zwischen Qualitäten und Quantitäten herausbildet, eine Sprache, die eine

Grammatik vorausgehender Konventionen voraussetzt (Skalen, Achsen, Netze) und deren Logik in der Abhängigkeit von Figuren oder den Ausschnitten von Figuren, den Eigenschaften ihrer Lagerung usw. besteht.[52]

Eine ganz anders geartete Darstellungsordnung (wenn auch mit der eben behandelten durch gewisse Analogien verbunden) tritt uns in der Tonkunst entgegen. Man weiß, aus welchen Tiefen die *Welt der Töne* ihre Mittel schöpft, welch ein *Zugegensein* des gesamten Gemütslebens, welche Einsichten in die labyrinthischen, einander überschneidenden und überlagernden Bahnen der Erinnerung, des Zweifels, der Aufschwünge, welche Kräfte und welch ein Leben und Sterben in der Phantasie uns die Kunstfertigkeit des Komponisten vermittelt, ja aufdrängt. Manchmal stimmen Klangfigur und Klangfarbe mit den inneren Gesetzen unserer wandelbaren Stimmung derart überein, daß sie den Gedanken an ausgesprochene *Hörformeln* nahelegen, die für ein objektives Studium der subtilsten subjektiven Phänomene als Muster dienen könnten. Keine Wortschilderung kommt bei derartigen Bemühungen je an diese Hörbilder heran. Denn es sind Umformungen und Wiederherstellungen der Lebensfakten selber, die sie vermitteln, wenngleich sie sich, *da es sich ja um eine Kunst handelt*, als beliebige Schöpfungen eines »Jemand« ausgeben.

Man sieht an diesen Beispielen, wie Figuren und Figurenketten akustischer Empfindungen sich mit den, wie angenommen wird, *tiefsten* Äußerungen vereinbaren las-

---

und außerdem ein *Analogieverfahren*

Über das *Beliebige* wäre viel zu sagen. Alles, was wir (in unseren Augen) beliebig tun, etwa wenn wir *aufs Geratewohl* ein

sen, das heißt mit jenen, die von der Sprache philosophischen Denkens am weitesten entfernt sind. Man sieht, wie das Kostbarste, was die Philosophie enthalten und wahrnehmen und was sie nur so unvollkommen wiedergeben kann, auf Bahnen, die durchaus nicht ihre traditionellen Bahnen sind, wenn nicht übermittelt, so doch suggeriert wird.

Indessen war die Philosophie von jeher bestrebt und wird künftig immer eifriger bestrebt sein, sich gegen den *gefährlichen Anschein, als verfolge sie ein reines Wortziel,* zu verwahren. Das *Selbstbewußtsein,* das (unter verschiedenen Namen) Grundprinzip ihres Daseins ist (zugleich aber auch der stets naheliegende Anlaß zu Skeptizismus und Selbstzerstörung), läßt sie einerseits ihre innere Kraft und Notwendigkeit erkennen, dagegen andererseits die ganze Schwäche, in die sie die Abhängigkeit von der Rede versetzt. Deshalb kommen alle Philosophen, jeder auf seine Art, dazu, ihr Denken von allen Konventionen freizuhalten; und zwar richten die einen, die für die kontinuierlichen Hervorbringungen und die fortwährenden Wandlungen ihrer inneren Welt besonders empfänglich sind, ihren Blick auf den Bereich *diesseits der Sprache,* wo sie jene wachsende innere Form beobachten, die man als *Intuitionen* bezeichnen kann, denn unsere scheinbare oder echte Spontaneität hat unter dem, was ihr zugehört, unmittelbare *Einsichten,* augenblickliche Lösungen, unerwartete Impulse und Entscheidungen. Die anderen, weniger geneigt, auf das Wandel-

Blatt bekritzeln, entspringt der abgesonderten Tätigkeit eines Organs. Man *schließt die Augen,* um *aufs Geratewohl* einen Loszettel aus dem Hut zu ziehen. Im Gegensatz zu dergleichen Handlungen (die sich zu den Entspannungen analog verhalten) stehen unsere kontrollierten Tätigkeiten.
All das ließe sich ziemlich einfach in die Bemerkung fassen, daß sich an der *Zahl* von selbständigen Bedingungen, die auf eine Handlung übertragen werden, der Grad der Bewußtheit ablesen läßt.

Und doch haben sie es (meines Wissens) noch nie von einer Sprachanalyse ausgehend getan, unter Rückführung der Sprache auf ihren statistischen Charakter, was die Möglichkeit ausschließen würde, dem *Wesen der Dinge* Wortschöpfungen (und daraus folgend *Probleme*) beizulegen, die ihren Ursprung in der naiven Anschauung, im poetischen Empfinden und in den tastenden Versuchen von Generationen haben. Daß diese bescheidenen Anfänge in Vergessenheit geraten sind, ist zweifellos die Voraussetzung einer großen Anzahl philosophischer Probleme. Insbesondere gibt das Vorhandensein von *Begriffen*, die nicht aufeinander abgestimmt sind, oder von Begriffsbezeichnungen, die unabhängig voneinander geschaffen wurden, Anlaß zu Antinomien und Paradoxen, die der Entfaltung von Mißverständnissen und echt *philosophischen* Haarspaltereien einen günstigen Boden bereiten...

bare zu achten, als vielmehr im Gegenteil *auf das, was sich erhält,* wollen in der Sprache selbst ihr Denken befestigen. Sie gründen ihre Zuversicht auf die Gesetze der Form; sie entdecken in ihnen die Eigenstruktur des Verstehbaren, von der, wie sie annehmen, die gesamte Sprache ihre Gliederung und den Typ ihrer Sätze entlehnt.

Die ersten würde die Entwicklung der Tendenz ihres Denkens mit Leichtigkeit, einer kaum merklichen Neigung folgend, zur Kunst der Zeit und des Gehörs hinführen: das sind die Musiker unter den Philosophen. Die anderen, die der Sprache eine vernunftbegründete Rüstung und einen wohldefinierten Plan ansinnen, die alles, was sie mitbedingt, sozusagen mit *einem* Blick ins Auge fassen und die den Versuch wagen, dieses Gebilde, das allen und keinem gehört, nachschaffend durchzukonstruieren oder als Werk eines einzelnen zu vollenden, sind mehr oder minder mit Architekten zu vergleichen...

Ich kann nicht einsehen, weshalb die einen wie die anderen nicht unseren Leonardo, für den die Malerei die Stelle der Philosophie vertrat, adoptieren sollten.

DAS SCHRIFTWERK VON
LEONARDO DA VINCI

Im Alter von ungefähr zwanzig Jahren ließ mich der Zufall (ohne den wir einfallslos wären ...) in einer Bibliothek, in der ich bisweilen meine Zeit verbrachte, auf einen Band der Handschriften Leonardos in Fotodruck treffen, ihn aufschlagen und durchblättern; es war einer jener Bände, die Ravaisson-Mollien veröffentlicht hat von jenen Originalen, die im Besitz des Instituts sind.[53] Bis dahin hatte ich mir nicht vorstellen können, daß es solch ein außergewöhnliches Dokument des Lebens eines erstrangigen Geistes und des engen Umgangs mit seinem Vermögen überhaupt geben konnte.

Die Tagebücher von einzelnen, ihre Geständnisse, ihre Vertraulichkeiten in der Öffentlichkeit, wie man sie uns aufbereitet vorlegt, stellen nichts als Schwächen zur Schau oder liefern uns allenfalls etwas, worauf alle Menschen sich etwas einbilden oder was sie bedrückt: sie sind nichts anderes als berechnete und gewollte Eröffnungen, die in der Hoffnung gemacht werden, uns über ihren Autor das mitzuteilen, was er gern möchte, daß wir es von ihm wissen. Diese Hefte Leonardos jedoch waren ausschließlich für ihn selbst da, waren das Laboratorium seiner geheimen Forschungen. Er verwahrt dort nur, was ihm für die Entwicklung seiner Mittel dienlich sein könnte. Er verfolgt in ihnen den unbekannten Weg eines unbegrenzten Fortschritts in der Erkenntnis und im Können: beides für ihn untrennbar miteinander verbunden.

Bei ihm erkennt man eine gewohnheitsmäßige, gleichsam organische Unordnung von Vorschriften, Formeln, Figuren, Ratschlägen für sich selbst und immer wiederaufgenommenen Projekten – in veränderter Form. Es sind Effusionen eines Hungers des Intellekts, der die Probleme vervielfacht und Rezepte anhäuft, der nicht die Absicht von der Entdeckung unterscheidet, in der heiligen Wut zu *verstehen, um zu handeln, und zu handeln, um zu verstehen*, was alle Philosophie übersteigt. Was wissen wir? Wir wissen, was wir können.[54] Alles übrige ist nur Austausch von Worten.

Das Denken Leonardos ist wesentlich und wissentlich ein Moment des Handelns, ein Vereinfacher oder Vermehrer von Handlung. Wenn er sich in höchste Höhen erhebt, in subtilste Bereiche eindringt – immer kommt dabei irgendein Werk zustande.

Dies alles wird nachdrücklich dem bewußt, der in diesen berühmten, mich bewegenden Sammlungen nachschlägt, der sieht, wie sich dabei allgemeinste Ansichten und höchst detaillierte Studien in eins vermischt darbieten, zugleich den Eindruck von hochmütiger und überlegener Gleichgültigkeit vermitteln. Wenn man alle mentalen Bestandteile bei der geistigen Arbeit veranschlagt, kann die Suche nach einem Räderwerk nicht weniger aufwendig sein als die Analyse eines Weltsystems. Leonardo, der die lebende Natur nicht nur als Maler, sondern auch als Erfinder, der er gleichermaßen war, zum Vorbild nahm, hatte mit Gewißheit erfahren, daß diese Natur in ihrem undurchdringlichen Wirken nie das Ganze vom Einzelnen, die Form vom Stoff, den Zweck von den Mitteln trennt; wodurch sie uns denn auch unnachahmlich, das heißt unverstehbar ist.

Einige Jahre später erhielt ich Kenntnis des großen Werks *The literary works of Leonardo da Vinci* von Jean-Paul Richter (nicht zu verwechseln mit dem berühmten gleichnamigen Schriftsteller der Romantik). Es vermittelte mir eine nahezu vollständige Offenbarung des Schriftwerks dieses begabtesten Menschen, der je gelebt hat. Man wußte verschwommen, daß Leonardo noch einigen anderen Künsten nachgegangen war als nur der Malerei: man kannte jenen berühmten Brief, in dem er eine Aufzählung seiner Talente gibt. Man war jedoch noch weit davon entfernt, in ihm unbestreitbar einen Vater unserer Naturwissenschaften und unserer Technik zu sehen, einen Begründer der Geologie; einen Physiologen mit leidenschaftlichem Interesse für die Probleme der

Funktionsweise, die ihm sein verbissenes Studium der Anatomie nahelegte: ein Wissensdurst, der ihm vom Sezieren von Organen zu einer wundervollen Analyse des Flugs der Vögel und Fledermäuse führte, was er so weit durchdachte und konzipierte, daß er zur Offensive *überging*, das heißt eine Flugmaschine bauen wollte, deren Struktur- und Stabilitätsbedingungen er bestimmt, deren Teile er immer wieder neu gezeichnet hat; aus der Überlegung heraus, daß die Vollkommenheit einer Erkenntnis sich an den Unternehmungen beweist, die sie ermöglicht. Die Flügel des ersten mit einem Motor ausgerüsteten Flugapparats, der wirklich geflogen ist (jener im Conservatoire des Arts et Métiers ausgestellte Apparat von Ader), entsprechen dem Vorbild, wie Leonardo ihn sich Anfang des 16. Jahrhunderts vorgestellt hatte. Nichts in dieser Zeit überrascht mehr als diese dem Wissen auferlegte Bedingung von Aktivität und Kreativität. Nichts steht uns heute näher.

Die Sammlung der Werke, die Übersetzungen und die Anmerkungen von Richter – Frucht ungeheurer Arbeit, Ergebnis der Ausbeute von Handschriften, die sich zwischen Paris, London, Windsor, Mailand, Turin und diversen Privatsammlungen verstreut finden – sind zum unschätzbaren Instrument für all jene geworden, die durch das Denken Leonardos verführt, in Erstaunen versetzt, verwirrt wurden.

Nach einem Leben, von dem fast fünfzig Jahre dem Werk Leonardos gewidmet waren, stirbt Richter 1937 und hinterläßt eine überarbeitete Fassung seines Buchs, die seine Tochter Irma Richter – Mitarbeiterin ihres Vaters und insbesondere Hilfe bei der Übersetzung des Textes *Paragone* aus dem Italienischen ins Englische – jetzt herausgegeben hat. Die zwei eindrucksvollen Bände, aus denen diese neue Ausgabe besteht und die hervorragend von der berühmten *Oxford University Press* bewerkstelligt worden ist, enthalten also endlich den größten Teil des Schriftwerks von Leonardo, den italienischen Text und die englische Übersetzung, mit einer Vielzahl fotografischer Reproduktionen und Tafeln, Kommentaren und Anmerkungen, die die umfangreiche, in den letzten fünf Jahrzehnten erschienene Literatur mit einbeziehen, durch welche das Bild unseres Heros der Intelligenz genauer gefaßt und weiterentwickelt worden ist.

Da steht also diese *summa*, ein Monument der Arbeit, Mühen, Ehrerbietung und aller Tugenden des Verstandes, das weniger dem Ruhm Leonardos als der *neuen Zukunft* eines Teils seines Werks gewidmet ist. Während in Mailand demnächst eine Leonardo-Ausstellung eröffnet wird, auf der neben den Werken des Malers offenbar die Experimente des Wissenschaftlers und die Erfindungen des Ingenieurs rekonstruiert und durch Maschinen und Modelle in Betrieb vorgestellt werden sollen, kann das Ereignis dieser Neuauflage von größter Wichtigkeit einige Köpfe entdecken lassen, anderen präzisieren, wie die mentale Operation einer wunderbar begabten Neugierde verlaufen ist. Wir besitzen damit den Monolog einer universalen Forschung, die sich in einer Sprache ausdrückt, zu der ich nichts Vergleichbares finde.

Ich halte Leonardo schon seit langem für *einen der größtmöglichen Schriftsteller*; und vielleicht ... empfinde ich auch manchmal ausgesprochen mehr Geschmack an seinen Schriften als an seinen Gemälden. Er beschreibt die Dinge der Natur mit einer Genauigkeit, in der sich Zartheit, Vertrautheit, Feierlichkeit seltsam mischen; und die sehr eigentümliche musikalische Form seiner Sätze befindet sich immer im Einklang vollkommener Ausgewogenheit mit ihrem Inhalt. Und bisweilen ruft er seine Gottheiten an.

ZU DEN ›HEFTEN‹ LEONARDO DA VINCIS

Eine wunderliche Geschichte möchte ich erzählen, in der alles wahr ist, und nicht einfach wahr, sondern überprüfbar. Wäre sie ein Produkt der Einbildung, stellte sie ein Kapitel in der Mythologie des menschlichen Geistes dar, und die Figur, von der ich Ihnen erzählen will, wäre unter die Heroen und Halbgötter der Sagen vom Intellekt einzuordnen. Doch alle Beweise ihrer wunderbaren Existenz stehen jedem zur Verfügung, wer immer sie fordert, und ihre herausragenden Taten sind jedem vor Augen, wer immer sie sehen will.

Einst lebte jemand, der ein und dasselbe Ereignis oder ein und dasselbe Objekt als Maler und als Naturforscher, als Physiker und andere Male als Dichter betrachten konnte; und keiner dieser Blicke war oberflächlich.

Wenn er in der Natur verweilte und um sich schaute, vermochte er die Landschaft als Künstler zu analysieren, deren Gestalt, Schatten- und Lichteffekte, Perspektiven und Transparenzen zu erfassen, vermochte ebensogut aber auch darüber nachzudenken, wie dieser Landstrich entstanden war durch gegeneinander wirkende Kräfte, die alle Orte dieser Erde zu zufälligen Monumenten ihrer Reibungen machen. Eine aufgelesene Muschel offenbarte ihm die ungeheuren Bewegungen, die die Täler der Tiefsee in Berge verwandeln; so erregten alle Lebewesen in ihm eine Art Leidenschaft, das Leben zu begreifen und darzustellen. Nie zuvor hatte sich jemand allen Aspekten des Lebens mit solch beharrlicher Inbrunst des Verstandes zugewandt (und niemand hätte es, glaube ich, so vermocht wie er): Er widmete sich gleichzeitig den Formen, Handlungen, Haltungen, der inneren Struktur und organischen Funktionsweise von Tier und Mensch; er zeichnete, sezierte und maß deren Knochen- und Muskelsystem, dachte über deren Gleichgewichtszustände und Verläufe nach, setzte deren Ausdrucksweisen zusammen, beobachtete die Unterschiede in Zustand, Alter, Charakter; das Kleinkind an der Brust seiner Mutter wie den Greis in seinen zögernden Bewegungen.

Diese Menge an scharfen Blicken und klaren Bemerkungen summierte sich in diesem Geist nicht zu einer Ansammlung vereinzelter Erwerbungen und nach Kategorien geordneter Spezialkenntnisse. Der Schatz, der sich in ihm anhäufte, war keine Summe unterschiedener und zusammenhangsloser Wahrheiten. Vielmehr verbanden sich diese so vielfältigen Beobachtungen unaufhörlich miteinander, und wie die verschiedenartigen Nahrungsmittel sich im Blut und in der einzigartigen Substanz eines Lebewesens vermischen, so trugen sie bei zur Bildung eines zentralen intellektuellen Vermögens, das zu den unvorhersehbarsten Anwendungen und Schöpfungen befähigt war.

Sein unterschiedsloser Gebrauch von Zeichnung, Rechnung, Definition oder exaktester Beschreibung deutet darauf hin, daß er die didaktischen Unterscheidungen nicht kannte, die wir zwischen Wissenschaft und Kunst, Theorie und Praxis, Analyse und Synthese, Logik und Analogie treffen – gänzlich äußerliche Unterscheidungen, die bei der inneren Tätigkeit des Geistes, wenn dieser sich der Produktion der von ihm gewünschten Erkenntnis widmet, nicht existieren.

Dieser außergewöhnliche Mensch jedoch, von dem ich hier spreche, er ging – jenen irdischen Fürsten gleich, die unbekümmert um Zäune und Grenzsteine ihre Jagdbeute über alle Domänen hinweg verfolgten – als souveräner Herrscher des Intellekts seinem Vergnügen nach, das Geheimnis der Dinge aufzubrechen und zu verstehen, ohne Rücksicht auf Kategorien irgendwelcher Schulen oder des Gemeinverstandes.

Im Grunde verstand er unter echtem Wissen nur etwas, dem irgendein Handlungsvermögen entsprach. Schöpferisches Tätigsein, Konstruieren waren für ihn untrennbar von Erkennen und Verstehen.

Sein Handeln aber, das im Hervorbringen von Werken, in der Verwirklichung geistiger Willensakte besteht, führte ihn dazu, nach den Bedingungen vollkommener Ausführung zu forschen. Und so wird unser Held Überlegungen anstellen zu den Mechanismen und zur Struktur unserer Handlungsfähigkeit. Er analysiert die Akte, jene Akte, die wir ausführen, ohne an all das zu denken, was sie an gelösten Problemen, miteinander verbundenen unterschiedlichen Energien, aufeinander abgestimmten Antagonismen, genauen Koinzidenzen und gleichwohl an lebendiger Geschmeidigkeit zur Anpassung voraussetzen.

Er zielt auf eine wer weiß wie totale Beherrschung seiner Handlungsmaschine, auf die ideale Eleganz schöpferischen Handelns. Er macht sich zum Herrscher über das Zusammenspiel seiner Sinne und Hände. Mit einer bewundernswerten Freiheit übt er nahezu alle Künste aus und mehr als ein Handwerk, das nicht ohne Bereicherung durch die Früchte seiner Reflexionen und Erfahrungen verbleibt – wie auch sein Denken sich unter der ständigen Kontrolle durch äußere Widerstände immer weiter entwickelt. Nichts im Bereich des Wirklichen erscheint ihm so unscheinbar, daß es nicht seine intensive Aufmerksamkeit verdiente. Durch dieses beständige, rigorose und besessene Studium der Dinge der Natur lernt er, daß es keine unwesentlichen Einzelheiten in der Realität gibt und daß, wenn die Formlosigkeit unseres Geistes uns zwingt, zu abstrahieren und zu vereinfachen, unzählige Wesen unter armseligen Namen zu subsumieren und an die Stelle ihrer unendlichen Variation »Begriffe«, Klassen und Entitäten zu setzen, dies nur eine Notwendigkeit unseres Verstandes ist, der es eben kaum besser kann. Wir nehmen weit mehr wahr, als wir begreifen können.

Bei diesem vollständigen Menschen genügt das intellektuelle Erkennen nicht, um das Verlangen, das ihn antreibt, auszuschöpfen; das Hervorbringen noch der kostbarsten Gedanken vermag nicht das sonderbare Bedürfnis nach schöpferischem Handeln zu befriedigen: Das Erfordernis seines Denkens selbst führt ihn zurück zur sinnlich erfaßbaren Welt, und am Ausgang seines Nachdenkens steht der Appell an die Kräfte, die der Materie Zwang antun. Der Akt des höheren Künstlers besteht darin, vermittels bewußter Operationen den Sinnlichkeitswert und die Erregungskraft der Dinge wiederherzustellen; ein Akt, durch den sich der Kreislauf des Wesens, das sich völlig verwirklicht hat, im Erschaffen der Formen vollendet.

Dieses Meisterwerk an harmonischer Existenz und Fülle menschlicher Kräfte trägt den hochgerühmten Namen Leonardo da Vinci.

Alle Welt weiß, wer Leonardo war, wie er sich zuerst der Malerei widmet, sich als großer Maler erweist und dann durch eine totale Entfaltung aller Forschungen seiner Kunst vom großen Maler zu einer Größe in allem wird; von der Bildhauerei zur tiefsten Analyse der Formen und ihrer Bildung übergeht, von der Zeichnung zur Geometrie, zur Mechanik, zur Geologie, zur Anatomie, zur Bewegung der tierischen Lebewesen, und vice versa; eine Reihe von Maschinen erfindet, sich anbietet, was immer man will zu konstruieren, Ortschaften zu befestigen, Kanäle auszuheben, Brücken zu bauen, Schleusen einzurichten. Auch große Schauspiele und Festivitäten versteht er zu organisieren.

Etwas Blendendes liegt in dieser schwindelerregenden Vielfalt des Könnens, an der nicht zu zweifeln ist. Man hat anläßlich der Ausstellung in Mailand die von ihm erfundenen Maschinen im Nachbau sehen können.[55]

Alles an diesem Menschen grenzt ans Wunderbare. Das Kurzporträt von legendärer Erscheinung, das ich gerade von ihm entworfen habe, enthält nichts, was nicht authentisch wäre. Doch wie außergewöhnlich sein Lebensverlauf auch gewesen sein mag, die Entfaltung seines Ruhms und sein postumes Schicksal sind vielleicht noch erstaunlicher.

Leonardo da Vinci stirbt 1519, im Alter von fünfundsiebzig Jahren, eine Berühmtheit im gebildeten Europa. Seine allseits bewunderten Gemälde stehen für eine Epoche der Malerei. In seiner Kunst gibt es niemand über ihm, und seine unzähligen Talente stellen ihn vor alle Größen einer herausragenden Epoche Italiens.

Zurück ließ er – gleichsam im Schatten seines pikturalen Werks – einen Posten von seltsamen, verstreuten Handschriften. Die einen sind abhanden gekommen; die anderen werden als Objekte der Neugier aufbewahrt. Es sind Hefte, voller Schriftzeichen und Skizzen; die Handschrift ist invertiert, man muß sie reflektiert in einem Spiegel lesen. Was die Skizzen anbelangt, so geben sie – vor jeglicher Lektüre – den Eindruck einer Vielzahl von Problemen und eines Gemischs unterschiedlichster Forschungen: geometrische oder mechanische Figuren, großartige anatomische Zeichnungen von Mensch oder Pferd, Projekte zu Architekturen, Gerätschaften oder Waffen, menschliche Gestalten in Bewegung, kompositorische Entwürfe, Bewegungsstudien von Flüssigkeiten – was weiß ich noch mehr.

Eine zunehmend tiefergehende Durchsicht dieser Fragmente vermittelt eine immer höhere und beeindruckendere Vorstellung von seinem Genie.

Man entdeckt dabei zuerst, daß er ein großer Schriftsteller ist; und sogar einzigartig groß, ist doch sein Stil von einer Kraft, einer Treffsicherheit, bisweilen von einer Grazie und manchmal von Pathos, die nur ihm eigen sind.

In der Ordnung der Naturwissenschaften erscheint er als ein Vorläufer: In der Geologie, in der Hydraulik greifen seine Ansichten voraus, ist doch die Richtung seines Denkens schon meist jene, in der sich die Naturwissenschaft im 17. Jahrhundert herausbilden wird. Über die Prinzipien der Mechanik, die erst sehr viel später gefunden und aufgestellt werden sollten, hat er Vermutungen angestellt und sie ansatzweise formuliert.

Aber es gibt noch weitaus Erstaunlicheres. In diesen Heften, inmitten vieler Skizzen und Notizen zum Vogelflug, zum Verhältnis zwischen Sich-in-der-Luft-Halten und Vorwärtsbewegen von Lebewesen mit Flügeln, findet sich das Projekt eines Apparats, der den Menschen das Aufsteigen und die Fortbewegung in der Luft ermöglichen sollte.[56]

Der Vogel fliegt. Er verfügt über das zum Fliegen Erforderliche: Kräfte, Hebel, Tragflächen. Das läßt sich vernunftgemäß erschließen. Demnach sollte die Beweisführung, auf eine große Zahl von Beobachtungen gestützt und richtig durchgeführt, die Konstruktion eines Vogels aus Holz oder Leinwand möglich machen. Leonardo widmet sich dem Projekt mit einem erstaunlichen Eifer und einem unglaublichen Vertrauen in seine Beobachtungen und Induktionen – und man kann erkennen, wie Ende des 15. Jahrhunderts, vor der Dynamik und ihren Formeln, vor der Algebra, vor der Physik, vor den Gesetzen des Galilei und den Versuchen über die Schwere der Luft, vor all dem, was heutzutage der kleinste Schüler schon weiß, sich ein Mensch erkühnt, eine Maschine zum Fliegen erfinden zu wollen. Dazu erforscht er die allgemeinen Bedingungen. Er kommt zu den Detailproblemen; er verwendet darauf ein Beträchtliches an Zeit und Arbeit, entwirft Berechnungen, Analysen, Skizzen; seziert Tiere mit Flügeln, Fledermäuse, alles mit dem Ziel, ihnen ihr Geheimnis des Flugs und Kiels zu entreißen; und er versucht, sie sich vorzustellen, und *zeichnet* sie, die Bildungen des Luftstroms, die Netze von gasartigen Molekülen entlang den Oberflächen, die die Sphäre berühren.

All dies wird in einer Menge geheimer Notizen zusammengetragen. Seine Zeitgenossen sind der Meinung, daß dieser Mann seine Zeit nutzlos verbringt, daß dieser große Maler malen sollte, anstatt sich in seine Abschweifungen zu verlieren. Michelangelo wirft ihm heftig vor, was er seinerseits für Faulheit, Fruchtlosigkeit, Grillen oder Hirngespinste eines Unvermögens hält. Und vierhundert Jahre lang hat die kleine Schar Gelehrter, die diese geheimnisvollen Hefte durchblättern und ihre Spiegelschrift entziffern konnten, nichts anderes gesehen, hat einfach nichts anderes in diesem Haufen von Bemerkungen und Projekten sehen können als Chimären, Vorstellungen von der Art eines Cyrano.[57]

Endlich kommt dann der Augenblick, wo sich das Problem der Flugmaschine dem Ehrgeiz des modernen Ingenieurs stellt, sich zwingend stellt. Das Problem wird nun mit dem gesamten Hintergrundwissen der Naturwissenschaften und Technik unserer Zeit studiert. Und man findet also, daß die erstaunlichen frühreifen Forschungen Leonardos auf dem Weg einer wissenschaftlichen Lösung des Problems liegen. Die erste Flugmaschine, die dann wirklich geflogen ist, jene von Ader, die fast *einhundert Meter* zurückgelegt hat und die noch heute im Conservatoire des Arts et Métiers zu besichtigen ist, trägt sogar die Segelbespannung von der Art der Fledermäuse, wie sie Leonardo bis ins kleinste studiert und deren gesamte Konstruktionselemente er gezeichnet und berechnet hatte.

Es brauchte also vier Jahrhunderte, um die Gestalt unseres großen Mannes ein wenig mehr aufscheinen zu lassen. Die Größe seines Genies konnte erst durch immense Fortschritte, welche die Anstrengungen von ungefähr zehn Generationen zuwege brachten, verstanden werden.

Wie ich Ihnen sagte, hat der Verlauf seines Ruhms eine beispiellose Entwicklung genommen.

Ich möchte nun diesen recht summarischen Abriß damit schließen, einige ganz besondere Charakterzüge seiner Natur aufzugreifen, die ich für höchst bemerkenswert halte.

Bei Leonardo beobachte ich eine Eigenschaft, die ich KÖNIGLICHE GLEICHGÜLTIGKEIT[58] nennen möchte.

Schon ein flüchtiger Blick in seine Handschriften macht deutlich, daß er geradezu gleichgültig ist gegenüber der Besonderheit eines Problems, ist doch für ihn alles Problem. Jedoch nicht Probleme im Sinne der Philosophen, die mit Hilfe von Vernunftschlüssen und Gedankensystemen abgehandelt werden. Vielmehr Probleme, die für ihn durch die Lösungsmöglichkeit in Form einer Konstruktion oder Fabrikation definiert sind. Geradezu alles scheint seinen Hunger nach tatsächlicher Erkenntnis zu erregen, und so gibt es für ihn weder große noch kleine Problemstellungen. (Dabei ist klar, daß – als geistige Arbeit bewertet – die Untersuchung eines Mechanismus nicht geringer veranschlagt werden kann als die Analyse eines Weltsystems.)

In gleicher Weise erweist sich Leonardo (wie ich schon ausführte) gleichgültig gegenüber unserer akademischen Unterscheidung von naturwissenschaftlicher Arbeit und künstlerischem Schaffen:[59] Er bewegt sich im gesamten Raum des Vermögens des Geistes.

Und ebenso gleichgültig steht er den Versuchungen des schnellen Ruhms gegenüber. Ihm ist es nicht gegeben, seine allumfassende Neugier, die Ausflüge seiner Phantasie in ihrer Tiefgründigkeit den Ansprüchen einer fortgesetzten Produktion und des sicheren Gewinns zu opfern. So beginnt er Arbeiten, die er unvollendet aufgibt.

Letztlich findet sich in seinen Handschriften nichts – oder fast nichts –, was auf sein eigenes Leben hinweist.[60] Diese Schatzkammer an intellektuellen vertraulichen Mitteilungen bietet uns nichts an persönlichen Gefühlen, nichts an echten Erfahrungen ihres Autors. Er kennt nicht die Schwäche der Geständnisse und des Eigenlobs, die so viele angeblich vertrauliche Schriften füllen. Nur Legenden über seine Liebesverhältnisse findet man, und so wundern wir uns bei ihm nur über das erhabene Streben und die wunderbaren Geheimnisse, die nichts anderes als Geheimnisse des Universums sind.

ANMERKUNGEN

LEONARDO DA VINCI

Mehrfach ist Valéry der Vorwurf gemacht worden, daß es ihm in seinen verschiedenen Aufsätzen zu Leonardo da Vinci eigentlich nicht um den berühmten Renaissance-Künstler gehe. Valéry stellt sich diesem Vorwurf, begründet den hohen Abstraktionsgrad seiner Darstellung, bekennt, daß es ihm vorrangig um das Erfassen der *Vorstellungskraft*, ihrer Möglichkeiten und Grenzen, die Analyse des Geistes allgemein anhand von Leonardo gegangen sei, und er liefert schließlich gegen Ende seines Lebens das konkrete Faktenwissen zu Leonardo nach, das ihm jedoch durchgehend präsent war.

Das Genie des Leonardo da Vinci hat Valéry zeitlebens fasziniert. Seit den ersten *Cahiers* findet sich sein Name und wird zum ständigen Begleiter (und höchsten Anspruch an sich selbst), gewissenhaft wird der erste Aufsatz – die »Introduction à la méthode de Léonard de Vinci« – vorbereitet, in seinen einzelnen Schritten bis ins kleinste kalkuliert; das hat Daniel Moutote als Valérys eigene Methode in den *Cahiers* rekonstruiert (vgl. seinen Aufsatz in dem Themenheft Leonardo/Valéry, *Forschungen zu Paul Valéry* 4, Kiel 1991). Unbestritten ist, daß die *Quaderni* dieses universalen Künstlers, Philosophen, Schriftstellers, wissenschaftlichen Geistes für Valéry der erste, entscheidende Anstoß in jeder Hinsicht waren.

Die Arbeiten Valérys zu Leonardo da Vinci umfassen zunächst eine »Einführung in die Methode des Leonardo da Vinci« (1894 geschrieben), die »Anmerkung und Abschweifung« (1919) sowie den »Brief« an Leo Ferrero »Leonardo und die Philosophen« (1929). Diese drei großen Arbeiten sind versammelt in *Divers Essais sur Léonard de Vinci de Paul Valéry commentés et annotés par lui-même*. Der Band wurde zwar im September 1931 gedruckt, jedoch erst 1933 ausgeliefert; alle Randbemerkungen (auch die zur »Einführung«) hat Valéry zwischen 1929 und 1930 verfaßt.

Weiterhin schrieb Valéry noch zwei kleinere Texte (»Das Schriftwerk des Leonardo da Vinci« und »Zu den ›Heften‹ des Leonardo da Vinci«), die wir aus Gründen der Vollständigkeit aufnehmen; sie finden sich nicht in den *Œuvres*.

EINFÜHRUNG IN DIE METHODE DES LEONARDO DA VINCI

Übersetzung: Karl August Horst, in: *Leonardo. Drei Essays*, Insel Verlag Frankfurt am Main 1960.
Erstmals erschienen in: *La Nouvelle Revue* 17 (1895), S. 742-770. Der Text wurde 1919 von Valéry leicht überarbeitet (die Varianten in: *Œuvres* I, S. 1821-1825), dann erneut mit *Note et digressions* (hier steht *digression* noch im Plural) in ebenderselben Zeitschrift. Die Randbemerkungen wurden jedoch erst 35 Jahre später ergänzt. Vgl. allgemein dazu N. Celeyrette-Pietri, »Le Moi et Léonard – d'après *Note et Digression*«, in: *Bulletin des Études Valéryennes* 3 (1974), S. 32-44.
In: Paul Valéry, *Œuvres* I, Paris 1957, S. 1153-1199, »Introduction à la Méthode de Léonard de Vinci«.

1 Valéry widmete diesen Essay dem Romancier Marcel Schwob (1867-1905), mit dem er zu jener Zeit befreundet war.
2 Frz. »le cerveau monstrueux«: wohl in Anspielung auf Baudelaires Charakterisierung von E. A. Poes »ce merveilleux cerveau toujours en éveil«.
3 Der griechische Komödiendichter Menander (342-290 v. Chr.) soll über einhundert Stücke geschrieben haben; ganz erhalten ist »Der Menschenfeind«, in Teilen »Das Schiedsgericht«.
4 Frz. »comédie personnelle«: der Begriff des intellektuellen Komödiantentums zieht sich wie ein roter Faden durch Valérys Werk; vgl. auch E. Gaède, *Nietzsche et Valéry. Essai sur la comédie de l'esprit*, Paris 1962.
5 Begriffe wie »Genie«, »Inspiration« stellt Valéry an den Pranger; vgl. dazu die Rubrik »Poietik« in: Paul Valéry, *Cahiers/Hefte*, Bd. 6, Frankfurt am Main 1993.
6 In einem seiner ersten Werkentwürfe »Le Souper de Singapour« schreibt Valéry, daß Napoleon sowie Stendhal, Descartes, Poe, Lord Kelvin, Wagner, Rimbaud, Talleyrand und Pascal als Schriftsteller ihn am stärksten herausgefordert hätten, sie seien für ihn ein »alphabet de manières de penser ou d'inventer« (»ein Alphabet der Arten, zu denken oder zu erfinden«) (*Cahiers*, Édition intégrale, Bd. 1, Paris 1987, S. 422).
7 Frz. »limite après laquelle tout sera changé«: der Anspruch, geistig bis an seine Grenzen zu gehen, ist für Valéry von größter Bedeutung, vgl. wortwörtlich in: *Cahiers*, Éd. int., Bd. 2, Paris 1988, S. 61.
8 Frz. »raisonnement par récurrence«: dazu *Cahiers*, Éd. int., Bd. 1,

S. 108 und 443. Den Artikel »Sur la nature du raisonnement mathématique« von Henri Poincaré las Valéry in der *Revue de métaphysique et de morale* (Juli 1894), er wurde später in *La Science et l'Hypothèse* (Paris 1902) aufgenommen.

9 Der Eintrag findet sich unter der Nr. 340 in: Leonardo da Vinci, *Traktat von der Malerei*. Nach der Übersetzung von Heinrich Ludwig neu herausgegeben und eingeleitet von Marie Herzfeld, Diederichs, Jena 1925 [erneut 1989], S. 151.

10 Ende der zwanziger Jahre besuchte Valéry mehrfach Kliniken und Labors (etwa das von Ludo van Bogaert), vgl. Judith Robinson-Valéry (Hg.), *Funktionen des Geistes. Valéry und die Wissenschaften*, Campus, Frankfurt/New York 1993.

11 Hinter diesen Beispielen der Vorstellungskraft stehen konkret viele Zeichnungen und Entwürfe Leonardos, die Valéry studiert hatte und von denen einige als Abbildungen in den vorliegenden Band aufgenommen wurden.

12 Zum Begriff der »chronolyse« (gebildet aus Chronologie und Analyse) vgl. *Cahiers*, Éd. int., Bd. 1, S. 334 und 428. Valéry verweist hier auf seine *Cahiers*, die seine Leser zu seinen Lebzeiten jedoch gar nicht kennen konnten.

13 Wahrscheinlichkeit als mathematisches und imaginäres Problem faszinierte Valéry gerade um die Jahrhundertwende, vgl. *Cahiers*, Éd. int., Bd. 3 (Index).

14 Diese neue Meinung Valérys (1930) geht auf seine zwischenzeitlichen Leseerfahrungen zurück; für seine Aufsätze und Vorträge zur Belletristik hatte er die »klassischen« Autoren neu gelesen.

15 Frz. »la blancheur de son papier«: dahinter steht das ganze Drama der *écriture* eines Schriftstellers. Mallarmé hatte zuerst die »weiße Seite« mythisiert; vgl. dazu *Cahiers/Hefte* Bd. 6, S. 155 sowie Robert Pickering, *Espace de la page et formation de l'écriture chez Valéry* (Diss. phil., 13. April 1992, Université de Paris XII, Faculté de Lettres et Sciences humaines, als Buch erschienen: *Paul Valéry – La page, l'écriture*, Association des Publications de la Faculté des Lettres, Clermont-Ferrand 1996) sowie die Rezension dazu in: *Forschungen zu Paul Valéry* 5 (1992), S. 143-146.

16 Das Buch *The Grammar of Ornament* von Owen Jones hatte Valéry bereits 1884 gelesen; vgl. *Cahiers/Hefte*, Bd. 6, S. 672.

17 Die Prinzipien der *poésie pure*, wie Valéry sie im Anschluß an Mallarmé zwischenzeitlich formuliert hatte, scheinen hier deutlich durch.

18 Valéry hat seinerseits auch dieses Lächeln der Mona Lisa interpretiert; für ihn besagt es, »Leonardo denkt für mich«, bzw. es

sei einfach eine Gesichtsfalte (vgl. Kenneth Clark, *Leonardo da Vinci*, Rowohlt, Reinbek 1969, S. 108).

19 Zum Begriff Intervention entwarf Valéry sogar eine Theorie; dazu J. Schmidt-Radefeldt, »L'intervention – concept sémiotique et phénomène scénique dans ›Mon Faust‹«, in: K. A. Blüher/J. Schmidt-Radefeldt (Hg.), *Paul Valéry. Le cycle de ›Mon Faust‹ devant la sémiotique théâtrale et l'analyse textuelle*, Tübingen 1991, S. 85-100.

20 Die Architektur hatte Valéry bereits zu Schulzeiten fasziniert. Er konsultierte das *Dictionnaire raisonné de l'architecture française du XIe au XVIe siècle* (Morel, Paris 1869) sowie das Standardwerk des Vitruv (*De architectura libri decem* – Zehn Bücher über Architektur). Vgl. dazu auch N. Celeyrette-Pietri, »Rythme et symétrie«, in: *Musique et architecture*, hg. von H. Laurenti, Minard, Paris 1987, S. 45-75. Valéry entwarf gelegentlich in seinen *Cahiers* die Architektur eines Theaters ganz im Stil Leonardos: eine Abbildung der Zeichnung findet sich in: *Forschungen zu Paul Valéry* 3 (1990), S. 70.

21 Die unter Physikern geführte Kontroverse um die Wellentheorie (de Broglie u. a.) hat Valéry in späteren Jahren lebhaft verfolgt, vgl. dazu durchgehend in: *Cahiers/Hefte* sowie unten Anm. 38.

22 Diese Formulierung nimmt das Prinzip der »offenen« Mehrdeutigkeit auf (vgl. *Werke*, Bd. 1, Frankfurt am Main 1992, S. 676f., Anm. 2).

23 Der Gedanke von der Maschinenhaftigkeit des Kunstwerks wird später zentral für die »Poietik« werden. Vgl. K. A. Blüher, »La fonction du ›public‹ dans la pensée esthétique de Valéry«, in: *Poétique et Communication: Paul Valéry*, hg. von K. A. Blüher und J. Schmidt-Radefeldt, Klincksieck, Paris 1979, S. 105-128.

24 Bezeichnenderweise schließt Valéry seinen Essay mit dem Schwingenflugzeug (ornitotero) und der oft zitierten Prophezeiung; vgl. dazu Marco Cianchi, *Die Maschinen Leonardo da Vincis*, Becocci Editore, Florenz 1988 (aus dem Italien. übersetzt), wo sich das von Valéry angeführte Zitat vollständig findet (S. 45), wie vor allem auch die Modellzeichnungen der Erfindungen Leonardos (sowie die IBM-Rekonstruktionen) in den Museen von Mailand und Vinci.

ANMERKUNG UND ABSCHWEIFUNG

Übersetzung: Karl August Horst, in: *Leonardo. Drei Essays*, Insel Verlag Frankfurt am Main 1960.
Valéry schrieb diesen Text 1919, versetzte sich jedoch auch gelegentlich in das Jahr 1894, was einige Herausgeber dazu führte, diesen den anderen Leonardo-Texten voranzustellen. Die beiden Texte »Introduction à la méthode de Léonard de Vinci« und »Note et digressions« (Paris 1919) wurden in *Variété (1924)* aufgenommen – allerdings *digression* jetzt im Singular. Der Text hat den Charakter eines Kommentars.
In: *Œuvres* I, S. 1199-1233, »Note et digression«.

25 Das sinfonische Werk von Berlioz erwähnt Valéry nur einmal in seinen *Cahiers* (*Cahiers/Hefte*, Bd. 6, S. 683); das Epigraph verweist auf die Rolle des Themas »Leonardo« in Valérys eigenem Schaffen, das heißt, es ist ein Anlaß, sich mit eigenen Fragestellungen darin wiederzuerkennen.

26 Der mythische König Memnon griff als letzter in den Kampf um Troja ein und fiel durch die Hand des Achilleus; »nichts zu erwägen als nur die Handlung«. Im folgenden Text geht es um die Rekurrenz-Funktion, das heißt das Sich-Neumachen (RE-faire), ein zentraler Gedanke in der *écriture* der *Cahiers*.

27 Frz. »une page visiblement gouvernée«: Methodik und Maschinenhaftigkeit des Schreibakts stehen in engem Zusammenhang mit Valérys Ziel, das Bewußtsein zu erfassen und zu beherrschen; vgl. Anm. 15 oben.

28 Valéry schreibt hier (1919) noch »politique mentale«, schon bald wird er den Begriff »politique de l'esprit« dafür verwenden: es geht um die »Lenkung der Gedanken« (weiter unten: »conduite de mes pensées«); vgl. dazu jetzt N. Celeyrette-Pietri, »Die abstrakten Modelle der politischen Analyse«, in J. Schmidt-Radefeldt (Hg.), *Paul Valéry: Philosophie der Politik, Wissenschaft und Kultur*, Stauffenburg, Tübingen 1958.

29 Die Trennung der »beiden Kulturen« lastet Valéry wesentlich Pascal an (»esprit de finesse« vs. »esprit de géométrie«); die Pascalschen »Abgründe« hat er mehrfach ironisiert, vgl. *Werke*, Bd. 4, Frankfurt am Main 1989, S. 91-109, sowie weiter unten im letzten Aufsatz zu Leonardo. Zur Thematik der beiden Kulturen vgl. Valérys Vortrag »Sind Geisteswissenschaften und Naturwissenschaften grundverschieden?«, in: *Werke*, Frankfurt am Main 1995, Bd. 7, sowie den in Anm. 28 genannten Sammelband.

30 Vergleich und Beschreibung des Pferds und seines Zureiters weisen auf »Gladiator«, vgl. *Cahiers/Hefte*, Bd. 1, S. 401-470.
31 Diese Auffassung der Liebe findet sich auch in den *Cahiers* (*Cahiers/Hefte*, Bd. 6, S. 396, wo Valéry von sexuellem Tabu und Scham, von der Physiologie des Geschlechtsakts und der letzten Unerklärbarkeit der Liebe schreibt: »...Leonardos Zeichnung aus Windsor Castle. – ›Engelhafter Blick...‹«). Die Freudsche These von Leonardos Homosexualität nimmt Valéry nicht auf.
32 Vgl. dazu die Rubriken »Bewußtsein«, »Sensibilität« u. a. in *Cahiers/Hefte*, Bd. 3 und 4.
33 Das Ich ist von der Persönlichkeit (in den *Cahiers/Heften* als »Person« wiedergegeben) zu unterscheiden; vgl. *Cahiers/Hefte*, Bd. 4, S. 473-539.
34 Zu dem »reinen Ich« vgl. Nicole Celeyrette-Pietri, *Valéry et le moi des »Cahiers« à l'œuvre*, Paris 1979.
35 »So viele Köpfe, so viele Zeiten.«
36 Diese Randnotiz hat Catherine Pozzi in den Text geschrieben; Valéry seinerseits hat diesen Eintrag jedoch durchgestrichen, in dem »pensate« geschrieben war (wir haben diese Seite der *Cahiers* im Faksimile abgebildet). Vgl. J. Schmidt-Radefeldt, »Randnotizen in Valérys ›Epoche de Leonardo‹«, in: *Forschungen zu Paul Valéry* 4 (1991), S. 79-102; der Name »Lionardo« ist eine Koseform Catherine Pozzis für Paul Valéry (vgl. Catherine Pozzi, *Journal 1913-1934*, hg. von Claire Paulhan, Paris 1987; vgl. auch Catherine Pozzi, *»Paul Valéry – Glück, Dämon, Verrückter«. Tagebuch 1920-1928*, hg. und übersetzt von Max Looser, Insel Verlag Frankfurt am Main und Leipzig 1995). Leonardo schreibt seinen Namen gelegentlich selbst so: vgl. Leonardo da Vinci, *Traktat von der Malerei*, a. a. O., S. XXXVI, Anm.
37 Dem frz. Ingenieur Clément Ader (1841-1925) gelangen 1890 Flüge von einigen Dutzend Metern, die Gebrüder Wilbur und Orville Wright führten ihre Flugversuche 1903 und 1904 durch. Leonardo interessierte sich für die Grundprinzipien des Schwingenfluges und ihre Umsetzung in »künstliche Vögel«, wie dann der Zoologe und Verhaltensforscher E. v. Holst in der ersten Hälfte des 20. Jahrhunderts verwirklicht hat (vgl. Stichwort »Vogelflug«, in: *Lexikon der Physik*, München 1971, Bd. 10).
38 Leonardo beobachtete die Interferenz der Wellen (vgl. Leonardo da Vinci, *Del moto e misura dell'acqua*, in: *Kindlers Neues Literatur*

Lexikon, hg. v. Walter Jens, München 1990, Bd. 10, S. 228f.) wie auch die wellenförmige Ausbreitung der Tonschwingungen; er erkannte die Gesetzmäßigkeit bei der Reflexion der Wärmestrahlen und beschrieb die Umkehrung des natürlichen Bildes im Auge. – Der frz. Physiker und Ingenieur A. J. Fresnel (1788-1827) stellte als erster eine exakte Wellentheorie des Lichts auf, die sich gegen die bis dahin herrschende Korpuskulartheorie durchzusetzen begann; er arbeitete über Interferenz, Polarisation, Doppelbrechung und die Aberration des Lichts.

39 Der Physiker Pierre Duhem (1861-1916) befaßte sich mit epistemologischen Grundlagenfragen der Physik, detailliert mit Magnetismus, Hydro- und Thermodynamik, physikalischer Chemie und Mechanik; seine Bücher *Thermodynamique et chimie* (1902) und *L'évolution de la mécanique* (1903) fanden sich in Valérys Bibliothek, jedoch nicht das genannte Werk *Origines de la statique* (A. Hermann, Paris 1905/06).

LEONARDO UND DIE PHILOSOPHEN

Übersetzung: Karl August Horst, in: *Leonardo. Drei Essays*, Insel Verlag Frankfurt am Main 1960.
Der Text »Léonard et les philosophes – Lettre à Leo Ferrero« erschien 1928 in der Zeitschrift *Commerce* (XVIII). Er war als Vorwort für das Buch *Leonardo o del arte* von Leo Ferrero vorgesehen, wurde jedoch dann der französischen Übersetzung dieses Buches vorangestellt (*Léonard de Vinci ou l'œuvre d'art par Leo Ferrero. Précédé d'une étude »Léonard et les philosophes« de Paul Valéry*, Paris 1929). Die Randnotizen schrieb Valéry für den Wiederabdruck des Textes in *Les Divers Essais sur Léonard de Vinci* (1931).
Da der Text von Ferrero vor allem das Kunstwerk und das natürliche Schöne (le beau naturel) anhand von Leonardos (Auf-)Zeichnungen der neueren französischen Literatur gegenüberstellt, entwickelt Valéry völlig unabhängig von ihm seine Grundgedanken über den Konflikt zwischen Philosophie und Ästhetik, über den Egotismus, über die Ethik; beide Texte standen losgelöst nebeneinander.
In: *Œuvres* I, S. 1234-1269, »Léonard et les philosophes«.

40 Konkret würde Valéry hier an Kants *Ästhetik* und *Ethik*, an Leibnizens *Monadologie* und an Bachs D-Dur-Suite (BWV 1068) gedacht haben.
41 Der Gesichtspunkt der Ideale und ihrer Vergänglichkeit als einer

typisch europäischen Errungenschaft ist bisher in den Forschungen zu Valérys Europa-Bild unberücksichtigt geblieben. Das Themenheft 9 der *Forschungen zu Paul Valéry* (1996) behandelt »Paul Valéry und Europa«.
42 Denselben Gedanken in gleicher Formulierung hat Valéry als Randnotiz angefügt (weiter oben im Text).
43 Mögliche Anspielung auf ein Wort Bossuets, vgl. *Werke*, Bd. 1, S. 485.
44 Von philosophischer Seite scheint Karl Jaspers durch sein Buch *Lionardo als Philosoph* (1953) diese Behauptung widerlegt zu haben, wenngleich auch er einräumt: »Daß er [sc. Lionardo] ein *Philosoph* war, ist seltener gesagt und dann auch um so entschiedener verneint worden. Ihm fehle die gedankliche Konstruktion, die Systematik der Begriffsbildung, er stehe auch nicht in der Kontinuität der philosophischen Überlieferung, außer mit zerstreuten wenn auch zahlreichen Aneignungen.« (Ebd., S. 8) Jaspers versucht »Lionardos Philosophieren zu vergegenwärtigen, erstens die Weise, zweitens den Inhalt seines Erkennens, drittens das Malerdasein als Lebensform des Erkennens« (ebd.).
45 Wörtlich lautet die Devise Montaignes »Que sais-je?«, in Fortsetzung von Sokrates' »Scio ut nescio«.
46 Zu diesen und weiteren Definitionen von Wissenschaft vgl. die entsprechende Rubrik in den *Cahiers/Heften*, Bd. 4, S. 385 ff.
47 »Une proposition qui émane de moi ... sommaire veut, que tout, au monde, existe pour aboutir à un livre.« (Stéphane Mallarmé, *Le livre, instrument spirituel*, in: *Œuvres complètes*, hg. von Henri Mondor und G. Jean-Aubry (Bibliothèque de la Pléiade), Gallimard, Paris 1945, S. 378; dt.: »Ein Vorschlag, der von mir stammt ... will, daß alles auf der Welt existiert, um in ein Buch zu münden.« (Übersetzung von Rolf Stabel, in: Stéphane Mallarmé, *Sämtliche Dichtungen*, Hanser Verlag, München/Wien 1992, S. 299.) Zu Valéry vgl. dazu *Werke* Bd. 3, S. 311 und 318.
48 Benvenuto Cellini (*Trattati dell'orificeria e della scultura*, um 1550, herausgegeben Florenz 1857) berichtet, er habe 1542 ein Manuskript in Frankreich erworben mit einem wunderbaren Diskurs über die Perspektive; offensichtlich handelt es sich um eine Kompilation der Schriften Leonardos, wie A. Chastel vermutet: vgl. *Leonardo da Vinci. Sämtliche Gemälde und die Schriften zur Malerei*, herausgegeben, kommentiert und eingeleitet von André Chastel, Darmstadt 1990, S. 119. In den *Cahiers/Heften* (Bd. 6, S. 62) wird Cellini nur einmal erwähnt.

49 Zu Logik und Sprache vgl. besonders *Cahiers/Hefte*, Bd. 1.
50 »Etwas inmitten anderer Handlungen.«
51 Frz. »de connaître et de reconnaître leur connaissance«: wodurch das Erkennen als ein Wieder-Erkennen (Funktion RE-) bezeichnet ist.
52 Die Prädominanz der Welt des Visuellen, die Valéry hier schon 1929 mit deutlicher Kritik belegt, hat sich nach seinem Tode (1945) in der zweiten Hälfte des 20. Jahrhunderts als Video-Medien-Welt immer mehr verstärkt.

DAS SCHRIFTWERK VON LEONARDO DA VINCI

Übersetzung: Jürgen Schmidt-Radefeldt
Dieser kleine Text erschien am 13. Mai 1939 im *Figaro*, wurde dann wiederabgedruckt in: *Chroniques du Figaro, Suites françaises 1945*, Bd. 1, S. 269-272.
In: *Vues*, S. 227-231, »L'œuvre écrite de Léonard de Vinci«.

53 Ch. Ravaisson-Mollien, *Manuscrits de Léonard de Vinci*, 6 Bde., Institut de France, Paris 1881-1891.
54 Frz. »Nous savons ce que nous pouvons«: *savoir* »wissen, erworbenes Können«, *pouvoir* »vermögen, physisches Können«.

ZU DEN ›HEFTEN‹ LEONARDO DA VINCIS

Übersetzung: Jürgen Schmidt-Radefeldt
Vorwort zu *Les Carnets de Léonard de Vinci*, traduits de l'italien par Louise Servicen, Paris 1942 (Neuauflage 1989 als Taschenbuch), S. 7-12.
In: *Vues*, S. 217-225, »Léonard de Vinci«.

55 Diese Ausstellung der (re)konstruierten Modelle Leonardos fand in Mailand 1939 statt; zuvor jedoch hatten R. Giacomelli und G. Schneider schon die Flugmaschinen Leonardos zur Ausstellung »Geschichte der Wissenschaft« 1929 in Florenz präsentiert. Zwischenzeitlich hat man (durch IBM gefördert) fast alle Entwürfe Leonardos in Nachbildungen umgesetzt; sie finden sich in den Museen von Vinci, Mailand und Clos-Lucé.
56 Vgl. dazu die Abbildungen der Zeichnungen und die Modell-Konstruktionen in Marco Cianchi, *Die Maschinen Leonardo da*

Vincis, Becocci editore, Florenz/Mailand 1988, S. 45-61; Charles Gibbs-Smith, *Die Erfindungen von Leonardo da Vinci*, Belser, Stuttgart/Zürich 1978, S. 12-26, sowie *Sehen und Erkennen. Wissenschaftliche Zeichnungen von Leonardo da Vinci*. Aus den Faksimile-Beständen der Universitätsbibliothek Konstanz zusammengestellt, eingeleitet und kommentiert von Michael Sukale, Konstanz 1987.

57 Der frz. Dramatiker und Romancier Cyrano de Bergerac (1619-1655) drückte seine materialistische Philosophie vor allem in utopisch-phantastischen Reiseerzählungen aus.

58 Frz. »indifférence«: »Gleichgültigkeit« wie auch »Nachlässigkeit«.

59 Erneute Anspielung auf die »beiden Kulturen«, für deren Trennung Valéry den Philosophen Pascal verantwortlich machte; vgl. zu dieser Thematik Anm. 29 (oben) sowie J. Schmidt-Radefeldt, »L'approche transdisciplinaire de Valéry et les ›deux cultures‹«, in *Un nouveau regard sur Valéry*, hg. von N. Celeyrette-Pietri und B. Stimpson, Minard, Paris 1995, S. 55-70.

60 Hinter dieser ganzen Charakterisierung Leonardos verbirgt sich offensichtlich Valéry selbst, dessen *Cahiers* durch die *Quaderni* von Leonardo in ihrer gesamten *écriture* angeregt wurden.

Der Herausgeber dankt den Erben Paul Valérys für die Druckgenehmigung der Abbildungen aus den *Cahiers*.

INHALT

Einführung in die Methode des Leonardo da Vinci . . .   7
Anmerkung und Abschweifung 62
Leonardo und die Philosophen 102
Das Schriftwerk von Leonardo da Vinci 143
Zu den ›Heften‹ Leonardo da Vincis 147

Bibliothek Suhrkamp
Verzeichnis der letzten Nummern

1131 Richard Ellmann, Vier Dubliner – Wilde, Yeats, Joyce und Beckett
1132 Gerard Reve, Der vierte Mann
1133 Mercè Rodoreda, Auf der Plaça del Diamant
1134 Francis Ponge, Die Seife
1135 Hans-Georg Gadamer, Über die Verborgenheit der Gesundheit
1136 Wolfgang Hildesheimer, Mozart
1138 Max Frisch, Stich-Worte
1139 Bohumil Hrabal, Ich habe den englischen König bedient
1141 Cees Nooteboom, Die folgende Geschichte
1142 Hermann Hesse, Musik
1143 Paul Celan, Lichtzwang
1144 Isabel Allende, Geschenk für eine Braut
1145 Thomas Bernhard, Frost
1146 Katherine Mansfield, Glück
1147 Giorgos Seferis, Sechs Nächte auf der Akropolis
1148 Gershom Scholem, Alchemie und Kabbala
1149 Max Dauthendey, Die acht Gesichter am Biwasee
1150 Julio Cortázar, Alle lieben Glenda
1151 Isaak Babel, Die Reiterarmee
1152 Hermann Broch, Barbara
1154 Juan Benet, Der Turmbau zu Babel
1155 Bertolt Brecht, Die Dreigroschenoper
1156 Józef Wittlin, Mein Lemberg
1157 Bohumil Hrabal, Reise nach Sondervorschrift
1158 Tankred Dorst, Fernando Krapp hat mir diesen Brief geschrieben
1159 Mori Ōgai, Die Tänzerin
1160 Hans Jonas, Gedanken über Gott
1161 Bertolt Brecht, Gedichte über die Liebe
1162 Clarice Lispector, Aqua viva
1163 Samuel Beckett, Der Ausgestoßene
1164 Friedrike Mayröcker, Das Licht in der Landschaft
1165 Yasunari Kawabata, Die schlafenden Schönen
1166 Marcel Proust, Tage des Lesens
1167 Peter Weiss, Die Verfolgung und Ermordung Jean Paul Marats
1168 Alberto Savinio, Kindheit des Nivasio Dolcemare
1169 Alain Robbe-Grillet, Die blaue Villa in Hongkong
1170 Dolf Sternberger, ›Ich wünschte ein Bürger zu sein‹
1171 Herman Bang, Die vier Teufel
1172 Paul Valéry, Windstriche
1173 Peter Handke, Die Stunde da wir nichts voneinander wußten
1174 Emmanuel Bove, Die Falle
1175 Juan Carlos Onetti, Abschiede
1176 Elisabeth Langgässer, Das Labyrinth
1177 E. M. Cioran, Syllogismen der Bitterkeit
1178 Kenzaburō Ōe, Der Fang

1179 Peter Bichsel, Zur Stadt Paris
1180 Zbigniew Herbert, Der Tulpen bitterer Duft
1181 Martin Walser, Ohne einander
1182 Jean Paulhan, Der beflissene Soldat
1183 Rudyard Kipling, Die beste Geschichte der Welt
1184 Elizabeth von Arnim, Der Garten der Kindheit
1185 Marcel Proust, Eine Liebe Swanns
1186 Friedrich Cramer, Gratwanderungen
1187 Juan Goytisolo, Rückforderung des Conde don Julián
1188 Adolfo Bioy Casares, Abenteuer eines Fotografen
1189 Cees Nooteboom, Der Buddha hinter dem Bretterzaun
1190 Gesualdo Bufalino, Mit blinden Argusaugen
1191 Paul Valéry, Monsieur Teste
1192 Harry Mulisch, Das steinerne Brautbett
1193 John Cage, Silence
1194 Antonia S. Byatt, Zucker
1197 Claude Lévi-Strauss, Mythos und Bedeutung
1198 Tschingis Aitmatow, Der weiße Dampfer
1199 Gertrud Kolmar, Susanna
1200 Octavio Paz, Die doppelte Flamme, Liebe und Erotik
1201 E. M. Cioran, Gedankendämmerung
1202 Gesualdo Bufalino, Klare Verhältnisse
1203 Friedrich Dürrenmatt, Die Ehe des Herrn Mississippi
1204 Alexej Remisow, Die Geräusche der Stadt
1205 Ambrose Bierce, Mein Lieblingsmord
1206 Amos Oz, Herr Levi
1208 Wolfgang Koeppen, Ich bin gern in Venedig warum
1209 Hugo Claus, Jakobs Verlangen
1210 Abraham Sutzkever, Grünes Aquarium/Griner Akwarium
1211 Samuel Beckett, Das letzte Band/Krapp's Last Tape/La dernière bande
1213 Louis Aragon, Der Pariser Bauer
1214 Michel Foucault, Die Hoffräulein
1215 Gertrude Stein, Zarte Knöpfe/Tender Buttons
1216 Hans Mayer, Reden über Deutschland
1217 Alvaro Cunqueiro, Die Chroniken des Kantors
1218 Inger Christensen, Das gemalte Zimmer
1219 Peter Weiss, Das Gespräch der drei Gehenden
1220 Rudyard Kipling, Das neue Dschungelbuch
1221 Sylvia Plath, Die Glasglocke
1222 Martin Walser, Selbstbewußtsein und Ironie
1223 Cees Nooteboom, Das Gesicht des Auges/Het gezicht van het oog
1224 Samuel Beckett, Endspiel/Fin de partie/Endgame
1225 Bernard Shaw, Die wundersame Rache
1226 Else Lasker-Schüler, Der Prinz von Theben
1227 Cesare Pavese, Die einsamen Frauen
1228 Zbigniew Herbert, Stilleben mit Kandare
1229 Marie Luise Kaschnitz, Das Haus der Kindheit
1230 Peter Handke, Phantasien der Wiederholung
1231 John Updike, Der weite Weg zu zweit
1232 Georges Simenon, Der Mörder

1233 Jürgen Habermas, Vom sinnlichen Eindruck zum symbolischen Ausdruck
1234 Clarice Lispector, Wo warst du in der Nacht
1235 Joseph Conrad, Falk
1236 Stefan Andres, Wir sind Utopia
1237 Virginia Woolf, Die Wellen
1238 Cesare Pavese, Der schöne Sommer
1239 Franz Kafka, Betrachtung
1240 Lawrence Durrell, Das Lächeln des Tao
1241 Bohumil Hrabal, Ein Heft ungeteilter Aufmerksamkeit
1242 Erhart Kästner, Die Lerchenschule
1243 Eduardo Mendoza, Das Jahr der Sintflut
1244 Karl Kraus, Die Sprache
1245 Annette Kolb, Daphne Herbst
1246 Giuseppe Tomasi di Lampedusa, Die Sirene
1247 Marieluise Fleißer, Die List
1248 Sadeq Hedayat, Die blinde Eule
1249 Olof Lagercrantz, Marcel Proust oder Vom Glück des Lesens
1250 Paul Celan, Schneepart
1251 György Dalos, Die Beschneidung
1252 René Depestre, Hadriana in all meinen Träumen
1253 Jurek Becker, Bronsteins Kinder
1254 Ryūnosuke Akutagawa, Das Leben eines Narren
1255 Cesare Pavese, Der Teufel auf den Hügeln
1256 Hans Magnus Enzensberger, Kiosk
1257 Paul Bowles, Zu fern der Heimat
1258 Adolfo Bioy Casares, Ein schwankender Champion
1259 Anna Maria Jokl, Essenzen
1261 Giuseppe Ungaretti, Das verheißene Land/La terra promessa
1262 Juan Carlos Onetti, Magda
1263 Hans Blumenberg, Schiffbruch mit Zuschauer
1264 Hermann Lenz, Die Augen eines Dieners
1265 Hans Erich Nossack, Um es kurz zu machen
1266 Joseph Brodsky, Haltestelle in der Wüste
1267 Mário de Sá-Carneiro, Lúcios Bekenntnis
1268 Gerhard Meier, Land der Winde
1269 Gershom Scholem, Judaica 6
1270 Rafael Alberti, Der verlorene Hain
1271 Bertolt Brecht, Furcht und Elend des III. Reiches
1272 Thomas Wolfe, Der verlorene Knabe
1273 E. M. Cioran, Leidenschaftlicher Leitfaden
1274 Bertolt Brecht, Flüchtlingsgespräche
1276 Samuel Joseph Agnon, Buch der Taten
1277 Volker Braun, Die unvollendete Geschichte und ihr Ende
1278 Jan Jacob Slauerhoff, Christus in Guadalajara
1279 Yasushi Inoue, Shirobamba
1280 Gertrud von le Fort, Das fremde Kind
1281 György Konrád, Heimkehr
1282 Peter Bichsel, Der Busant
1284 Carlos Fuentes, Der alte Gringo
1300 Peter Handke, Drei Versuche

Bibliothek Suhrkamp
Alphabetisches Verzeichnis

Achmatowa: Gedichte 983
Adorno: Minima Moralia 236
– Noten zur Literatur I 47
– Über Walter Benjamin 260
Agnon: Der Verstoßene 990
– Buch der Taten 1276
Aiken: Fremder Mond 1014
Aitmatow: Der weiße Dampfer 1198
– Dshamilja 315
Ajgi: Beginn der Lichtung 1103
Akutagawa: Das Leben eines Narren 1254
Alain: Das Glück ist hochherzig 949
– Die Kunst sich und andere zu erkennen 1067
– Die Pflicht glücklich zu sein 470
Alain-Fournier: Jugendbildnis 23
– Der große Meaulnes 142
Alberti: Zu Lande zu Wasser 60
– Der verlorene Hain 1270
Allende: Eine Rache 1099
– Geschenk für eine Braut 1144
Amado: Die Abenteuer des Kapitäns Vasco Moscoso 850
Anderson: Winesburg, Ohio 44
Anderson/Stein: Briefwechsel 874
Andres: Wir sind Utopia 1236
Apollinaire: Die sitzende Frau 1115
Aragon: Der Pariser Bauer 1213
– Libertinage 1072
Arnim, E. v.: Der Garten der Kindheit 1184
Artmann: Fleiß und Industrie 691
– Gedichte über die Liebe 473
Assis de: Dom Casmurro 699
Asturias: Legenden aus Guatemala 358
Babel: Die Reiterarmee 1151
Bachmann: Der Fall Franza 794
– Malina 534
Ball: Flametti 442
– Zur Kritik der deutschen Intelligenz 690
Bang: Die vier Teufel 1171
Barnes: Antiphon 241
– Nachtgewächs 293
Barthes: Die Lust am Text 378
Becker, Jürgen: Beispielsweise am Wannsee 1112

Becker, Jurek: Bronsteins Kinder 1253
– Der Boxer 1045
– Jakob der Lügner 510
Beckett: Das letzte Band/Krapp's Last Tape/La dernière bande 1211
– Der Ausgestoßene 1163
– Der Verwaiser 1027
– Endspiel/Fin de partie/Endgame 1224
– Erste Liebe 277
– Erzählungen und Texte um Nichts 82
– Gesellschaft 800
– Mehr Prügel als Flügel 1000
– Warten auf Godot 1040
Benet: Der Turmbau zu Babel 1154
– Ein Grabmal/Numa 1026
Benjamin: Berliner Chronik 251
– Berliner Kindheit 966
– Einbahnstraße 27
Bernhard: Alte Meister 1120
– Amras 489
– Beton 857
– Der Ignorant und der Wahnsinnige 317
– Der Schein trügt 818
– Der Stimmenimitator 770
– Der Theatermacher 870
– Der Untergeher 899
– Die Macht der Gewohnheit 415
– Elisabeth II. 964
– Frost 1145
– Heldenplatz 997
– Holzfällen 927
– In der Höhe, Unsinn 1058
– Midland in Stilfs 272
– Verstörung 229
– Wittgensteins Neffe 788
Bichsel: Der Busant 1282
– Eigentlich möchte Frau Blum den Milchmann kennenlernen 1125
– Zur Stadt Paris 1179
Bierce: Mein Lieblingsmord 1205
Bioy Casares: Abenteuer eines Fotografen in La Plata 1188
– Ein schwankender Champion 1258
Blanchot: Das Todesurteil 1043

Blanchot: Thomas der Dunkle 954
- Warten Vergessen 139
Blixen: Ehrengard 917
- Moderne Ehe 886
Bloch: Erbschaft dieser Zeit 388
- Spuren. Erweiterte Ausgabe 54
Blok: Gedichte 1052
Blumenberg: Die Sorge geht über den Fluß 965
- Matthäuspassion 998
- Schiffbruch mit Zuschauer 1263
Borchers: Gedichte 509
Born: Gedichte 1042
Bove: Armand 792
- Bécon-les-Bruyères 872
- Die Falle 1174
- Meine Freunde 744
Bowles: Zu fern der Heimat 1257
Braun: Der Stoff zum Leben 1039
- Die unvollendete Geschichte und ihr Ende 1277
- Unvollendete Geschichte 648
Brecht: Die Dreigroschenoper 1155
- Dialoge aus dem Messingkauf 140
- Flüchtlingsgespräche 1274
- Furcht und Elend des III. Reiches 1271
- Gedichte über die Liebe 1161
- Gedichte und Lieder 33
- Hauspostille 4
- Me-ti, Buch der Wendungen 228
- Politische Schriften 242
- Schriften zum Theater 41
Breton: L'Amour fou 435
- Nadja 406
Broch: Barbara 1152
- Demeter 199
- Die Erzählung der Magd Zerline 204
- Die Schuldlosen 1012
- Esch oder die Anarchie 157
- Huguenau oder die Sachlichkeit 187
- Pasenow oder die Romantik 92
Brodsky: Haltestelle in der Wüste 1266
Bufalino: Der Ingenieur von Babel 1107
- Die Lügen der Nacht 1130
- Klare Verhältnisse 1202
- Mit blinden Argusaugen 1190
Bunin: Mitjas Liebe 841
Butor: Die Wörter in der Malerei 1093
Byatt: Zucker 1194
Cage: Silence 1193

Camus: Die Pest 771
Capote: Die Grasharfe 62
Carossa: Gedichte 596
- Ein Tag im Spätsommer 1947 649
- Führung und Geleit 688
Carpentier: Barockkonzert 508
- Das Reich von dieser Welt 422
- Die Hetzjagd 1041
Carrington: Das Hörrohr 901
Celan: Gedichte I 412
- Gedichte II 413
- Gedichte 1938-1944 933
- Der Meridian 485
- Lichtzwang 1143
- Schneepart 1250
Ceronetti: Teegedanken 1126
- Das Schweigen des Körpers 810
Char: Lob einer Verdächtigen 1023
Christensen: Das gemalte Zimmer 1218
Cioran: Auf den Gipfeln 1008
- Das Buch der Täuschungen 1046
- Gedankendämmerung 1201
- Geviertteilt 799
- Leidenschaftlicher Leitfaden 1273
- Syllogismen der Bitterkeit 1177
- Über das reaktionäre Denken 643
- Widersprüchliche Konturen 898
Claus: Jakobs Verlangen 1209
Colombo: Zeit der Engel 1016
Conrad: Falk 1235
- Herz der Finsternis 1088
- Jugend 386
Consolo: Wunde im April 977
Cortázar: Alle lieben Glenda 1150
- Unzeiten 1129
- Der Verfolger 999
Cramer: Gratwanderungen 1186
Crevel: Der schwierige Tod 987
- Seid ihr verrückt? 1083
Cunqueiro: Die Chroniken des Kantors 1217
Dagerman: Deutscher Herbst 924
Dalos: Die Beschneidung 1251
Dauthendey: Lingam 1079
- Die acht Gesichter am Biwasee 1149
Depestre: Hadriana 1252
Döblin: Berlin Alexanderplatz 451
Dorst: Fernando Krapp hat mir diesen Brief geschrieben 1158
- Klaras Mutter 1031

Dürrenmatt: Die Ehe des Herrn
  Mississippi 1203
– Monstervortrag über Gerechtigkeit
  und Recht 803
Dumézil: Der schwarze Mönch in
  Varennes 1017
Duras: Der Liebhaber 967
– Nachmittag des Herrn Andesmas 109
– Im Sommer abends um halb elf 1087
– Moderato cantabile 51
Durrell: Das Lächeln des Tao 1240
Eça de Queiroz: Der Mandarin 956
Ehrenburg: Julio Jurenito 455
Eich: Gedichte 368
– Gesammelte Maulwürfe 312
– Träume 16
Eliade: Das Mädchen Maitreyi 429
– Auf der Mântuleasa-Straße 328
– Nächte in Serampore 883
– Neunzehn Rosen 676
Elias: Mozart 1071
– Über die Einsamkeit der Sterbenden
  in unseren Tagen 772
Eliot: Old Possums Katzenbuch 10
– Das wüste Land 425
Ellmann: Vier Dubliner – Wilde, Yeats,
  Joyce und Beckett 1131
Elsschot: Villa des Roses 1121
Elytis: Ausgewählte Gedichte 696
– Lieder der Liebe 745
– Neue Gedichte 843
Enzensberger: Der Menschenfreund 871
– Mausoleum 602
– Kiosk 1256
– Verteidigung der Wölfe 711
Farrochsad: Jene Tage 1128
Faulkner: Als ich im Sterben lag 103
Federspiel: Die Ballade von der
  Typhoid Mary 942
– Museum des Hasses 1050
Fleißer: Abenteuer aus dem
  Englischen Garten 223
– Das Mädchen Yella 1109
– Die List 1247
– Ein Pfund Orangen 375
Foucault: Die Hoffräulein 1214
Frame: Wenn Eulen schrein 991
Freud: Briefe 307
Frisch: Andorra 101
– Biedermann und die Brandstifter 1075

– Bin 8
– Biografie: Ein Spiel 225
– Biografie: Ein Spiel,
  Neue Fassung 1984 873
– Blaubart 882
– Fragebogen 1095
– Homo faber 87
– Montauk 581
– Stich-Worte 1138
– Tagebuch 1966-1971 1015
– Traum des Apothekers 604
Fuentes: Der alte Gringo 1284
Gadamer: Das Erbe Europas 1004
– Lob der Theorie 828
– Über die Verborgenheit der
  Gesundheit 1135
– Wer bin Ich und wer bist Du? 352
Gadda: An einen brüderlichen
  Freund 1061
– Die Liebe zur Mechanik 1096
García Lorca: Bluthochzeit/Yerma 454
– Gedichte 544
Generation von 27: Gedichte 796
Gide: Chopin 958
– Die Rückkehr des verlorenen
  Sohnes 591
Giono: Der Deserteur 1092
Giraudoux: Eglantine 19
Goytisolo: Conde don Julián 1187
– Landschaften nach der
  Schlacht 1122
Gracq: Die engen Wasser 904
Graves: Das kühle Netz 1032
Habermas: Vom sinnlichen Eindruck
  zum symbolischen Ausdruck 1233
Handke: Die Angst des Tormanns beim
  Elfmeter 612
– Die Stunde da wir nichts voneinander
  wußten 1173
– Die Stunde der wahren Empfindung
  773
– Die Wiederholung 1001
– Drei Versuche 1300
– Gedicht an die Dauer 930
– Phantasien der Wiederholung 1230
– Wunschloses Unglück 834
Hauptmann: Das Meerwunder 1025
Hedayat: Die blinde Eule 1248
Hemingway, Der alte Mann und
  das Meer 214

Herbert: Der Tulpen bitterer Duft 1180
- Ein Barbar in einem Garten 536
- Inschrift 384
- Herr Cogito 416
- Stilleben mit Kandare 1228
Hermlin: Der Leutnant Yorck 381
Hesse: Demian 95
- Eigensinn 353
- Glück 344
- Iris 369
- Josef Knechts Lebensläufe 541
- Klingsors letzter Sommer 608
- Knulp 75
- Krisis 747
- Legenden 472
- Magie des Buches 542
- Mein Glaube 300
- Morgenlandfahrt 1
- Musik 1142
- Narziß und Goldmund 65
- Siddhartha 227
- Sinclairs Notizbuch 839
- Steppenwolf 869
- Stufen 342
- Unterm Rad 981
- Wanderung 444
Hessel: Heimliches Berlin 758
- Der Kramladen des Glücks 822
Hildesheimer: Biosphärenklänge 533
- Exerzitien mit Papst Johannes 647
- Lieblose Legenden 84
- Mitteilungen an Max 1100
- Mozart 1136
- Paradies der falschen Vögel 1114
- Tynset 365
- Vergebliche Aufzeichnungen 516
Hofmannsthal: Buch der Freunde 626
- Gedichte und kleine Dramen 174
- Welttheater 565
Hohl: Bergfahrt 624
- Daß fast alles anders ist 849
- Nächtlicher Weg 292
Horváth: Glaube Liebe Hoffnung 361
- Jugend ohne Gott 947
- Kasimir und Karoline 316
- Geschichten aus dem Wiener Wald 247
Hrabal: Die Katze Autitschko 1097
- Ein Heft 1241
- Ich habe den englischen König bedient 1139

- Leben ohne Smoking 1124
- Reise nach Sondervorschrift 1157
- Sanfte Barbaren 916
- Schneeglöckchenfeste 715
- Tanzstunden für Erwachsene 548
Huch: Der letzte Sommer 545
Huchel: Gedichte 1018
- Die neunte Stunde 891
Ibargüengoitia: Augustblitze 1104
- Die toten Frauen 1059
Inoue: Das Jagdgewehr 137
- Der Stierkampf 273
- Die Berg-Azaleen 666
- Shirobamba 1279
Johnson: Mutmassungen über Jakob 723
- Skizze eines Verunglückten 785
Jokl: Essenzen 1259
Jonas: Das Prinzip Verantwortung 1005
- Gedanken über Gott 1160
Joyce: Anna Livia Plurabelle 253
- Briefe an Nora 280
- Die Toten/The Dead 512
- Dubliner 418
- Porträt des Künstlers 350
- Stephen der Held 338
- Verbannte 217
Kästner, Erhart: Aufstand der Dinge 476
- Die Lerchenschule 1242
- Zeltbuch von Tumilat 382
Kästner, Erich: Gedichte 677
Kafka: Betrachtung 1239
- Der Heizer 464
- Die Verwandlung 351
- Er 97
Kasack: Die Stadt hinter dem Strom 296
Kaschnitz: Das Haus der Kindheit 1229
- Beschreibung eines Dorfes 645
- Elissa 852
- Gedichte 436
Kavafis: Um zu bleiben 1020
Kawabata: Die schlafenden Schönen 1165
Kim: Der Lotos 922
Kipling: Das Dschungelbuch 854
- Das neue Dschungelbuch 1220
- Die beste Geschichte der Welt 1183
Kiš: Ein Grabmal 928
- Garten, Asche 878
Koch: Altes Kloster 1106
Koeppen: Das Treibhaus 659
- Der Tod in Rom 914

- Eine unglückliche Liebe 1085
- Ich bin gern in Venedig warum 1208
- Jugend 500
- Tauben im Gras 393
Kolb: Daphne Herbst 1245
Kolmar: Gedichte 815
- Susanna 1199
Konrád: Heimkehr 1281
Kracauer: Über die Freundschaft 302
Kraus: Die Sprache 1244
- Die letzten Tage der Menschheit 1091
- Nachts 1118
- Pro domo et mundo 1062
- Sprüche und Widersprüche 141
Krolow: Fremde Körper 52
- Meine Gedichte 1037
Krüger: Das zerbrochene Haus 1066
Kyrklund: Vom Guten 1076
Lagercrantz: Die Kunst des Lesens 980
- Marcel Proust oder Vom Glück des Lesens 1249
Langgässer: Das Labyrinth 1176
Lasker-Schüler: Arthur Aronymus 1002
- Der Prinz von Theben 1226
- Mein Herz 520
Lavant: Gedichte 970
Lawrence: Auferstehungsgeschichte 589
- Der Mann, der Inseln liebte 1044
le Fort: Das fremde Kind 1280
Leiris: Lichte Nächte 716
- Mannesalter 427
Lem: Robotermärchen 366
Lenz, H.: Dame und Scharfrichter 499
- Der Kutscher und der Wappenmaler 428
- Die Augen eines Dieners 1264
Lévi-Strauss: Mythos und Bedeutung 1197
Lispector: Aqua viva 1162
- Die Nachahmung der Rose 781
- Nahe dem wilden Herzen 847
- Wo warst du in der Nacht 1234
Maass: Die unwiederbringliche Zeit 866
Majakowski: Ich 354
Mandelstam: Reise nach Armenien 801
- Die ägyptische Briefmarke 94
Mandiargues: Schwelende Glut 507
Mann, T.: Schriften zur Politik 243
Mansfield: Glück 1146
- Meistererzählungen 811
Marcuse: Triebstruktur und Gesellschaft 158

Mayer, H.: Ansichten von Deutschland 984
- Ein Denkmal für Johannes Brahms 812
- Frisch und Dürrenmatt 1098
- Reden über Deutschland 1216
- Versuche über Schiller 945
Mayröcker: Das Herzzerreißende der Dinge 1048
- Das Licht in der Landschaft 1164
Meier: Land der Winde 1268
Mendoza: Das Geheimnis der verhexten Krypta 1113
- Das Jahr der Sintflut 1243
Michaux: Ein gewisser Plume 902
Miller: Lächeln am Fuße der Leiter 198
Miłosz: Gedichte 1090
Mishima: Nach dem Bankett 488
Mitscherlich: Idee des Friedens 233
Modiano: Eine Jugend 995
Montherlant: Die Junggesellen 805
- Moustique 1060
Morselli: Dissipatio humani generis 1117
Mulisch: Das steinerne Brautbett 1192
Muschg: Briefe 920
- Leib und Leben 880
- Liebesgeschichten 727
- Noch ein Wunsch 1127
Musil: Vereinigungen 1034
Nabokov: Lushins Verteidigung 627
Neruda: Gedichte 99
- Die Raserei und die Qual 908
Nijhoff: Stunde X 859
Nimier: Die Giraffe 1102
Nizon: Canto 1116
- Das Jahr der Liebe 845
- Stolz 617
Nooteboom: Das Gesicht des Auges/ Het gezicht van het oog 1223
- Der Buddha hinter dem Bretterzaun 1189
- Die folgende Geschichte 1141
- Ein Lied von Schein und Sein 1024
Nossack: Der Untergang 523
- Spätestens im November 331
- Um es kurz zu machen 1265
- Unmögliche Beweisaufnahme 49
O'Brien: Aus Dalkeys Archiven 623
Ocampo: Die Furie 1051
Ōe: Der Fang 1178
- Der Tag, an dem Er selbst mir die Tränen abgewischt 396

Ōgai Mori: Die Wildgans 862
- Die Tänzerin 1159
O'Kelly: Das Grab des Webers 177
Olescha: Neid 127
Onetti: Abschiede 1175
- Der Schacht 1007
- Der Tod und das Mädchen 1119
- Grab einer Namenlosen 976
- Leichensammler 938
- Magda 1262
Oz: Herr Levi 1206
Palinurus: Das Grab ohne Frieden 11
Pasternak: Die Geschichte einer Kontra-Oktave 456
- Initialen der Leidenschaft 299
Paulhan: Der beflissene Soldat 1182
Paustowskij: Erzählungen vom Leben 563
Pavese: Der schöne Sommer 1238
- Der Teufel auf den Hügeln 1255
- Die einsamen Frauen 1227
- Junger Mond 111
Paz: Adler oder Sonne? 1082
- Das Labyrinth der Einsamkeit 404
- Der sprachgelehrte Affe 530
- Die doppelte Flamme 1200
- Gedichte 551
Penzoldt: Squirrel 46
Percy: Der Kinogeher 903
Perec: W oder die Kindheitserinnerung 780
Pérez Galdós: Miau 814
- Tristana 1013
Piljnak, Das nackte Jahr 746
Pinget: Passacaglia 1084
Plath: Ariel 380
- Glasglocke 1221
Plenzdorf: Die neuen Leiden des jungen W. 1028
Ponge: Das Notizbuch vom Kiefernwald/La Mounine 774
- Die Seife 1134
- Texte zur Kunst 1030
Proust: Eine Liebe von Swann 1185
- Tage des Lesens 1166
Puig: Der Kuß der Spinnenfrau 1108
Queiroz, Rachel de: Das Jahr 15 595
Queneau: Ein strenger Winter 1110
- Mein Freund Pierrot 895
- Stilübungen 1053
- Zazie in der Metro 431

Radiguet: Der Ball 13
- Den Teufel im Leib 147
Ramos: Angst 570
Remisow: Die Geräusche der Stadt 1204
- Gang auf Simsen 1080
Reve: Der vierte Mann 1132
Rilke: Ausgewählte Gedichte 184
- Briefe an einen jungen Dichter 1022
- Bücher Theater Kunst 1068
- Das Testament 414
- Die Sonette an Orpheus 634
- Duineser Elegien 468
- Malte Laurids Brigge 343
Ritsos: Gedichte 1077
Ritter: Subjektivität 379
Robbe-Grillet: Die blaue Villa 1169
- Die Radiergummis 1033
Roditi: Dialoge über Kunst 357
Rodoreda: Aloma 1056
- Auf der Plaça del Diamant 1133
- Der Fluß und das Boot 919
Rose aus Asche 734
Rosenzweig: Der Stern der Erlösung 973
Sá-Carneiro: Lúcios Bekenntnis 1267
Sachs: Gedichte 549
Salinas: Gedichte 1049
Savinio: Kindheit des Nivasio Dolcemare 1168
- Maupassant 944
Scholem: Alchemie und Kabbala 1148
- Judaica 1   106
- Judaica 2   263
- Judaica 3   333
- Judaica 4   831
- Judaica 5   1111
- Judaica 6   1269
- Von Berlin nach Jerusalem 555
- Walter Benjamin 467
Scholem-Alejchem: Eine Hochzeit ohne Musikanten 988
- Schir-ha-Schirim 892
- Tewje, der Milchmann 210
Schröder: Der Wanderer 3
Seelig: Robert Walser 554
Seferis: Alles voller Götter 1065
- Sechs Nächte auf der Akropolis 1147
- Poesie 962
Sender: Der König und die Königin 305
- Requiem für einen spanischen Landmann 133

Shaw: Die Abenteuer des
  schwarzen Mädchens 1029
- Die heilige Johanna 295
- Die wundersame Rache 1225
- Frau Warrens Beruf 918
- Wagner-Brevier 337
Simenon: Der Mörder 1232
Simon: Das Seil 134
Šklovskij: Zoo oder Briefe nicht
  über die Liebe 693
Slauerhoff: Christus in Guadalajara 1278
Sokolow: Die Schule der Dummen 1123
Solschenizyn: Matrjonas Hof 324
Stein: Erzählen 278
- Ida 695
- Kriege, die ich gesehen habe 598
- Paris Frankreich 452
- Q.E.D. 1055
- Zarte Knöpfe/Tender Buttons 1215
- /Anderson: Briefwechsel 874
Steinbeck: Die Perle 825
Steiner: Schnee bis in die
  Niederungen 1070
Sternberger: ›Ich wünschte ein
  Bürger zu sein‹ 1170
- Figuren der Fabel 1054
Strindberg: Fräulein Julie 513
Suhrkamp: Briefe an die Autoren 100
- Der Leser 55
- Munderloh 37
Sutzkever: Grünes Aquarium 1210
Szymborska: Deshalb leben wir 697
Tomasi di Lampedusa: Die Sirene 1246
Trakl: Gedichte 420
Ullmann: Erzählungen 651
Ungaretti: Gedichte 70
- Das verheißene Land 1261
Updike: Der weite Weg zu zweit 1231

Valéry: Eupalinos 370
- Monsieur Teste 1191
- Tanz, Zeichnung und Degas 6
- Über Mallarmé 1101
- Windstriche 1172
- Zur Theorie der Dichtkunst 474
Vallejo: Gedichte 110
Vargas Llosa: Lob der Stiefmutter 1086
Waginow: Auf der Suche nach dem
  Gesang der Nachtigall 1094
Walser, M.: Ehen in Philippsburg 527
- Ein fliehendes Pferd 819
- Gesammelte Geschichten 900
- Meßmers Gedanken 946
- Ohne einander 1181
- Selbstbewußtsein und Ironie 1222
Walser, R.: Der Gehülfe 490
- Der Spaziergang 593
- Geschwister Tanner 450
- Jakob von Gunten 515
- Poetenleben 986
Weiss, P.: Abschied von den Eltern 700
- Das Gespräch der drei Gehenden 1219
- Der Schatten des Körpers 585
- Die Verfolgung und Ermordung
  Jean Paul Marats 1167
- Fluchtpunkt 797
Wilde: Bildnis des Dorian Gray 314
Williams: Die Worte, die Worte 76
Wittgenstein: Über Gewißheit 250
Wittlin, Mein Lemberg 1156
Wolfe: Der verlorene Knabe 1272
Woolf: Die Wellen 1237
Yacine: Nedschma 116
Yeats: Die geheime Rose 433
Zweig: Monotonisierung der Welt 493
Zwetajewa: Auf eigenen Wegen 953
- Ein gefangener Geist 1009
- Mutter und die Musik 941
- Phoenix 1057